從零基礎開始學

生命靈數

生命靈數教父帶你解讀生日數字
破譯人生運勢的關鍵密碼

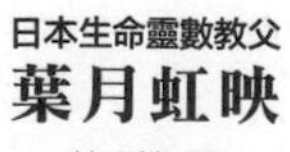

日本生命靈數教父
葉月虹映
林于楟 譯

青丘

—前言—

「生日」兩字合起來就是一個「星」字。「星」字中蘊含著「生日」，也就是說，「出生當日」天空的「星星」排列，隱藏著我們的人生密碼，是有助於我們解讀人生的關鍵。

不過，在正確曆法普及的現代，比起解讀星星的排列，有一門智慧也能讓我們正確解讀自己的人生劇本，而且更輕鬆簡單。那就是「數字」。想要解讀一個人的人生劇本，只要看對方「生日」的「數字」即可。沒錯，這一門解讀數字的智慧，正是本書的主題——生命靈數。

「數字」是現代社會唯一的全球共通語言。即使不知道自己「出生當日」的「星星排列」，每個人應該都知道自己「出生年月日」的「數字」。因此，解讀人人都知道的「出生年月日」的「數字」，可以更簡單、正確地了解個人最詳盡的資訊，這一點應該很好理解吧。

當然，並不是只要知道「出生年月日」的「數字」，就能夠解開人生的所有謎團。光是「出生日」就有三十一種，而「出生月日」更是多達三百六十六種。如果再加上「出生年」，其變化組合更是多達好幾位數，這一點各位應該也能想像得到吧。

一個人的「出生年月日」的「數字」裡，隱藏了他與生俱來的特質、才華、個性、資質、天職、財運、戀愛傾向、不擅長的領域，還有運勢、人生劇本，甚至是前世記憶、今生使命，乃至天命等龐大的個人資料。因此，想要解讀隱藏在數字中的人生藍圖，除了「葉月生命靈數」別無他法。

你的「生日」裡刻錄著你出生前在另一個世界親手寫下的「人生劇本」，而解讀這部劇本的關鍵就是「數字」。只要解讀「生日」裡蘊含的「數字密碼」，就能輕鬆了解你是基於何種目的、為了什麼來到這個世界。

解讀自身「人生劇本」的大門此刻已經為你敞開。你做好心理準備打開這扇神祕大門了嗎？那麼，翻開下一頁，讓我們一起透過「數字」，解謎自己的「人生劇本」吧！

葉月虹映

從零基礎開始學生命靈數

目次

序　章

生命靈數的基礎知識

擁有2500年歷史的「卡巴拉生命靈數」與猶太民族的關係

一個人生日的「數字」中，隱藏著其人生劇本的「數字密碼」。生命靈數的源流可以回溯至距今兩千五百年前（西元前五百年）的古希臘哲學家畢達哥拉斯（Pythagoros）。畢達哥拉斯認為「一切事物皆是數」，這讓他發現了許多至今仍然通用的數學定理。你在學校一定學過「畢氏定理」吧。「卡巴拉生命靈數」就是始於畢達哥拉斯，歷經兩千多年歲月流傳至今的一門神祕學問。

將「卡巴拉生命靈數」傳承至現代的人，據說是先祖為古猶太人的猶太民族。猶太人在當今全球金融界擁有莫大的影響力，這是眾所周知的事實。實際上，諾貝爾經濟學獎得主中，超過30％是僅占地球人口不到0.3％的猶太人（猶太企業），還真是令人震驚的事實呢。猶太人能在金融領域有如此突出的表現，說其理由在於「卡巴拉生命靈數」一點也不為過。「猶太民族間流傳的鍊金術」就是「卡巴拉生命靈數」，正因為他們懂得解讀「數字的密碼」，活用僅有他們才知道的「數字法則」，才能在商界及金融界獨占鰲頭，並且活躍於各個領域。

當今世上雖然有許多不同語言，但幾乎沒有一個國家不使用阿拉伯數字。將現代唯一的「世界共通語言」阿拉伯數字推廣至全世界的人，據說也是猶太人。正因如此，猶太人才不想讓其他人知道數字中隱藏的其他意義與真正功能。將「13」或「6・6・6」視為不吉數字的觀念，也是始於猶太人。倘若數字的祕密被他人知曉，他們就會就失去懂得解讀「數字密碼」的獨家優勢，進而失去他們在商務領域中的優越地位。所以，以往為止從未有人公開傳授「數字密碼」，僅有少數人才能掌握這一門學問。

不過，如今時代已經不同了。我想解放兩千多年來一直被猶太人獨占的「卡巴拉生命靈數」，讓全世界的人都能運用這門智慧，希望更多人獲得幸福與財富。因此，我將其彙整為更符合現代社會需求、更簡單易懂的「葉月生命靈數」。

讓古老「卡巴拉生命靈數」於現代重生的「葉月生命靈數」

數字除了「算數符號」的功能之外，也具備了「文字」的功能。不過這項功能在至今漫長的兩千多年來一直被隱藏起來，不只學校不會教，出社會後也不會有人告訴你。其理由正如我前面說過得那樣。

我將算數、數學、計算、計數中作為「符號」使用的數字稱為「左腦數字」，這是用在金錢單位、度量衡及四則運算的「邏輯數字」，由專司理論領域的左腦處理，是一般人普遍認知的數字概念。

相對的，我們在「不知為何，就是直覺……」的狀況下選擇的數字，其功能與單位、計算等左腦領域的數字大相逕庭。這類由專司感性與感覺領域的右腦處理的數字，我稱之為「右腦數字」，以此和前面的「左腦數字」區隔。

本書要為各位說明的數字，就是「右腦數字」。「葉月生命靈數」就是將「右腦數字」的含義經過系統化的梳理，方便所有人以左腦的邏輯思維來理解的生命靈數理論。

「生日」的數字中隱藏著當事人的「人生密碼」。尤其是「出生日」，這是小嬰兒「憑自己意志選擇的日子」，具有相當重要的意義。實際上，「出生日」的決定權就掌握在小嬰兒手上，光憑這一點，我們就可以將「出生日」視為「出生前的前世記憶」。

「出生月」則主要由雙親決定。在小寶寶誕生前十個月又十天，如果雙親沒有相愛，就不會有新生命在這個「月」誕生。因此，我認為「出生月」的決定權主要掌握在雙親手上，我們可以將「出生月」數字中隱藏的密碼，解讀為雙親託付在你身上的期望。接著是「出生年」，這不僅是你自己一人，還包括你的祖父母、雙親、孩子及孫子，是由祖先及子孫所有人共同決定的數字。

只要活用「葉月生命靈數」的智慧，任何數字都能當成「文字」來解讀。其中，以你的西元出生年月日計算得出的「四大個人數字」尤為重要。藉由這四個數字，我們可以明白這一世的你「從哪裡來」、「會經過哪裡」、「未來將往哪裡去？」不只你的天賦、特質、優缺點，還有前世的記憶、未來的願景，就連宿命、命運、使命、天命等，全都可以輕鬆解讀，相當有趣。

數字中隱藏的含義及密碼

接下來，我將針對「0、1～9」這十個數字，逐一解說每個數字隱含的意義與其扮演的角色。理解每個數字的基本含義，是學習生命靈數最重要的基礎。

「0」的密碼——「另一個世界、宇宙、中性」

「0」類似撲克牌中的鬼牌，是全能數字，和這個世界的數字「1～9」不同，是代表「另一個世界」的數字。

★0的意義 ≫ 一般認為「0」代表「什麼都沒有」，但其真正的含義應該是「肉眼雖然看不見，但萬事萬物皆包含其中」才對。也就是說，「0」並非「現實世界」的數字，而是代表「另一個世界」的數字。換言之，我們所生存的現實世界從未活用「0」這個數字真正的含義。

★**字形由來**》「0」原是代表「另一個世界」及「宇宙」的數字，因此無法用二次元的平面來呈現其形體。考慮到「0」原本的含義，「什麼都不寫」也許才是最適合它的表現。但這麼一來，我們就無法用肉眼來辨識那是「0」。寫「0」的時候，至少不要寫成「封閉的圓」，採用不把圓完全封住的「開放的圓」寫法，更接近「0」具備的本來意義及力量。

★**角色**》如果沒有「0」，人類就不會有今日的經濟發展。金錢之所以能脫離實物經濟的限制，擴大為數不清的天文數字，全多虧了「0」。「0」的角色就是融合「現實世界」與「另一個世界」兩個世界，其絕大力量可以無限擴大或縮小現實世界的能量。當「0」單獨出現時，則意味著「正中央、中庸、中性」，也有促使事物歸零或反轉的功能。

★**成語、諺語**》色即是空，空即是色

★**象徵圖形**》○

「1」的密碼——「第一、起始、唯一」

「1」是數字「1～9」中的第一個，也是數字的起源和開始。這個數字代表的是「世上萬事萬物的起源」，以及事物發展的方向。它是絕對且唯一的存在，是生命的根源。「1」代表的是人類的意志力、行動力、朝著某個方向勇往直前的男性特質等。

數字的特徵		
顏色：紅色	性別：男性	氣質：陽
角色：領袖	思考：感性派	成長：孩子

★1的意義》》「1」代表「最初、開始、起源」。由此還可以延伸出「前進、發展、起點、頂點、第一」等含義，這個數字代表的是「跨出第一步、最初播下的種子」。此外，還象徵了「將事物整合、匯集、統合為一」的領導能力。同時還意味著「方向」、「箭號」、「航向」。也就是說，「事物朝著某一方向啟動」的「GoSign」（前進信號）就是「1」這個數字的含義。

★字形由來 ≫「1」的形狀象徵「箭號、方向」。「朝上的箭號」就是「1」這個數字形狀的由來，其重點在於前端的鉤狀。單純的「直豎線」和「1」的不同之處，在於其前端是否是「箭號」。另外，「1」除了代表「箭號」，其形狀也象徵著「男性的性器官」、「陽具」、「精子」等。因此，「1」又被視為代表「男性特質」、「男性本身」的數字。

★角色 ≫「1」的角色就是「決定方向並展開行動」。不管做或是不做某件事，「我要做」（或「我不要做」）的意志或「決定、決斷、選擇」最為重要，如果沒有決心，任何事都無法開始。除了下定決心，還要朝著決定的方向邁出強而有力的一步，將腦中的想法付諸實踐，化為具體的行動。這就是「1」這個數字所扮演的角色。

★成語、諺語 ≫一期一會（人生的每一次邂逅，都是難得的機會）、一日三秋、一念發起、一網打盡、一目了然、一蓮托生（同甘共苦）、一石二鳥、一長一短（有利有弊）

★象徵圖形 ≫ ⊙ ↑

「2」的密碼——「包容、和諧、平衡」

「2」是二元論的基礎。意味著分割、包容、平衡等女性特質。代表意志的「1」發展出認知後，「2」於焉而生，接著開始分裂、增殖。這是象徵著「男與女」、「光明與黑暗」、「太陽與月亮」、「善與惡」等相反兩極的數字。

數字的特徵		
顏色：白色	性別：女性	氣質：陰
角色：輔佐	思考：理性派	成長：孩子

★**2的意義**》「2」意味著兩個極端的共存。像是「男與女」、「光明與黑暗」、「太陽與月亮」、「陰與陽」、「善與惡」、「戰爭與和平」、「正與反」等。這世界的一切都立基於相反兩極事物的平衡與二元對立理論，這就是「2」這個數字的含義。相對於「1」勇往直前的男性特質，「2」象徵著調節相反兩極並維持平衡，代表「包容、認可、和諧、接納」這類被動要素較強的女性特質。

★**字形由來**》「2」的字形源自「陰陽圖」和「太極圖」正中央那條切分黑白兩個區塊的曲線。其形狀是不斷上下起伏的「波浪」，也象徵著「裂縫」或「縫隙」。「1」象徵的是「男性的性器官」、「陽具」，「2」暗示的則是「女性的性器官」、「女陰」。同時也相當於「1」代表的「精子」進入卵子後的「受精卵」，在第一次細胞分裂時分為兩個細胞的形狀。

★**角色**》「2」的角色是「連結」。相反兩極的事物，其實是一體的兩面，需要互相認可、接納、連結。「2」這個數字代表的是容納並接受相反事物的包容力，也扮演著連繫雙方的橋梁。此外，身處相反的兩極之間，不是「選邊站」，而是「跟兩方都能好好相處」，保持這樣的柔軟身段，居中協調維持平衡，進行雙方的調節及統合，也是數字「2」所扮演的角色。

★**成語、諺語**》第二順位、二枚舌（見人說人話，見鬼說鬼話）、別無二話、兩相違背、三心二意、接二連三、兩者不可兼得

★**象徵圖形**》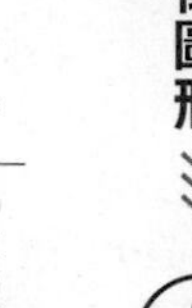

「3」的密碼——「創造、歡笑、孩子」

「3」蘊含了產出新事物的能量，是代表創造的數字。正如基督教中的「三位一體」，這個數字象徵著和諧與安定中蘊藏著變化的可能性。在正負兩極加上「第三股力量」，就能產出全新的物質、現象。

數字的特徵		
顏色：黃色	性別：男性	氣質：陽
角色：開心果	思考：感性派	成長：孩子

★**3的意義**》「1」是「男性、父親」，「2」是「女性、母親」，兩者相遇後，代表「孩子」的「3」就誕生了。也就是說，「3」這個數字源自「1」的動力與力量，以及「2」的和諧與平衡，內含帶來新變化的「創造力」與「新能量」。以樹木的成長為例，正是枝椏冒出嫩葉的狀態。另外，「3」是組織、團體的最小單位，也是時間週期中的最小單位。

★**字形由來**≫將「3」往右旋轉90度的話，是不是很像「蛋裂開的模樣」呢？「0」是代表「宇宙」、「另一個世界」的數字，當它一分為二，從中誕生的就是「新生命」，也就是「嬰兒」、「小孩」。此外，「3」的形狀又是「僅由曲線構成、單邊敞開的半圓」，意味著「只能朝單一方向灌注能量」、「經常變動的不安定感」。

★**角色**≫「3」的功能在於其存在感與躍動感。光是有「3」這個數字，就能帶來期待感與雀躍感，蘊含著催生新發展、新變動和新節奏的可能性。此外，「3」是象徵「孩子」的數字，它無法乖乖坐著不動，具備了「歡笑」與「輕快節奏」等取悅眾人的娛樂要素。正如「孩子是維繫夫妻關係的紐帶」這句話，「3」就是維繫相反的兩極，穩定兩者關係的角色。

★**成語、諺語**≫三位一體、三種神器、三國第一（天下無雙）、三日天下、三巨頭、三年有成、三顧茅廬、三局定勝負、三分鐘熱度

★**象徵圖形**≫

「4」的密碼

「穩定、持續、成形」

「4」意味著「物質世界的誕生」，是象徵「固定」或「安定」的穩固數字。諸如「東南西北」四方位、「風火土水」四元素、「春夏秋冬」四季、「喜怒哀樂」人類基本情緒，以及「起承轉合」、「生老病死」等，「4」這個數字是現實世界的基礎，也是萬事萬物的基本及根基。

數字的特徵

顏色：藍色　性別：女性　氣質：陰
角色：輔佐　思考：理性派　成長：青年

★**4的意義**≫正如四個方位、四大元素及一年四季所示，「4」這個數字是打造現實世界的地基與根本。正如四輪、四腳、四角最為穩定，這個數字意味著扎根大地，四平八穩的安定感。此外，「4」還具備了「持續性」、「固定、安定」、「屹立不搖」、「堅定信念」、「被保護的安心感」等含義。「4」代表物質世界本身，是守護並主宰這個世界，非常強而有力的數字。

★字形由來》「4」的字形源自「+」、「卍」或「口」。數字1~9中，唯有「4」有「四個頂點」，也只有它擁有「由直線框起的封閉空間」。不僅如此，地圖上標示北方的方位符號「4十」也與數字「4」相似。這是因為地圖上代表自己所在位置的符號「+」，與標示自己「北邊方向」的「箭號」（↑）結合，就成了「4」的形狀。

★角色》「4」的角色是「打穩地基」。正如建築中夯土、打樁等基礎步驟，這個數字擔負著重要的任務。此外，由於象徵「固定、安定」，「4」也具備了「安定事物」、「化抽象為實體」、「持續不斷」、「培養實力」等含義。以樹木的成長為例，相當於除草、整地的階段。排除所有阻礙成長的因素，為將來做好準備、養精蓄銳，就是「4」這個數字的角色。

★成語、諺語》四大天王、四面楚歌、四四方方、四苦八苦（非常辛苦）、四分五裂、四海之內皆兄弟、四海為家

★象徵圖形》

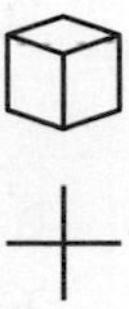

「5」的密碼

「自由、變化、連結」

「5」結合了「2」的女性特質與「3」的男性特質，正如「五體」、「五根手指」、「五感」、「五臟」等說法，代表的是人類本身。意味著「自由」、「變化」、「行動力」、「資訊」、「溝通」等人類的特性，是極富行動力的數字。

數字的特徵

顏色：綠色　性別：男性　氣質：陽
角色：開心果　思考：感性派　成長：青年

★**5的意義**≫諸如「五體」、「五根手指」、「五感」、「五臟」，在與人類相關的數字中，經常能看到「5」。因此，我們可以將「5」視為代表「人類」的數字，意味著「自由與變化」、「資訊與溝通」、「智慧與直覺」。以樹木的成長來比喻，就是成長與變化的時期。此外，「5」也象徵了「不斷變化」、「搖擺不定」、「載浮載沉、變化快速」，代表自由又不安定的狀態。

★**字形由來**≫「2」被視為源自「陰陽圖」、「太極圖」的數字，「5」的形狀與「2」對稱，代表的是統合兩極的「波動」。與英文字母「S」雷同的字形，暗示了「5」是「特別（special）的存在」，是統合男女兩種特質、兼具光明與黑暗兩面，也是代表「人類」的數字。實際上，人類張開雙手、雙腳時的形狀，就與「五芒星」、「海星」十分相似。

★**角色**≫代表「5」的「五芒星」符號，自古以來就是「驅魔」、「咒術要素」、「靈力」的象徵，在日本則因為平安時代的知名陰陽師安倍晴明而廣為人知。「五芒星」又名「人型」，被視為代表「人類」的符號，在各種祈禱儀式與咒術中，經常被拿來當作「人類的替身」。換言之，「5」是能夠增幅並放大人類特徵（無論正面或負面均是）的數字。

★**成語、諺語**≫五體俱全、五臟六腑、五里霧中、五十步笑百步、三三五五、陰陽五行、一寸蟲五分魂（弱者也有志氣，不可輕侮）

★**象徵圖形**≫

「6」的密碼 「愛、美、母性」

「6」象徵腹中懷有新生命的「孕婦」，代表和諧與平衡、美與創造，是充滿「愛」的數字。「6」是象徵創造力的「3」的倍數，也意味著「男與女」、「精神與肉體」、「物質與心靈」等，迥然不同的兩股「創造性能量的完全整合」。

數字的特徵

顏色：粉紅　性別：女性　氣質：中庸
角色：領袖　思考：感性派　成長：青年

★6的意義》「6」被稱為「孕婦數字」，因為體內孕育著另一個生命、另一個宇宙，所以擁有創造新生命的強大能量。以樹木的成長來比喻的話，正是開花的時期。由於「6」是「3」的倍數，因此也具備了分割自身，產出「花朵＝新生命＝孩子＝3」的含義。「6」的創造性能量，無疑是真正的愛、美、和諧與平衡。

★字形由來》「6」象徵「腹中孕育著小寶寶的母親」。「0」是代表「宇宙、世界、生命」的數字，為了保護象徵「生命」的「0」，所以用圓潤的溫柔曲線包覆住「0」，使其充滿安全感，這正是「6」被稱為「孕婦數字」的原因。「6」的代表圖形是「六芒星」或「六角形」。「六芒星」又名「大衛之星」，也是象徵「卡巴拉」的發源猶太文化的標誌。

★**角色**》由朝上和朝下的兩個三角形均衡組成的「六芒星」，在在說明了「6」的角色。不偏向正或負任何一方，而是不偏不倚、具備「中央、中庸、中性」特質的能量，正如「6」位於「卡巴拉生命樹」正中央的位置（請見35頁圖1「生命樹」）。「6」擁有調節全體平衡的功能，完美的均衡象徵了真正的「愛」、「美」與「和諧」，正是數字「6」的本來樣貌。

★**成語、諺語**》六根清淨、骰子一點的另一面是六點（否極泰來）、三頭六臂、六十而習字（活到老，學到老）、好友足以媲美六親、三界無牆六道無邊（善有善報，惡有惡報）

★**象徵圖形**》

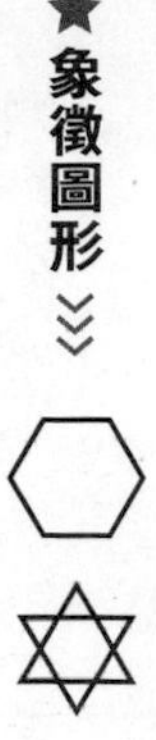

「7」的密碼——「完成、自立、獨自一人」

「7」代表一個週期的結束，是象徵「完成、完全調合」的數字。「7」自古以來不論在東方或西方，均象徵著「祝福、勝利」，是備受重視的幸運數字。由於形狀類似「斜向箭號」，也代表貫徹個人風格、追求極致的「頑固職人」。

數字的特徵		
顏色：深藍色	性別：男性	氣質：陰
角色：輔佐	思考：理性派	成長：大人

★7的意義》》「幸運7」不論在東西方都代表「祝福、勝利」，是眾所周知的幸運數字。不過，「7」不單只是幸運數字。正如其「斜向箭號」的形狀所示，「7」還意味著「豎起天線」與超越人類的存在連結。以樹木的成長來比喻，相當於修整枝葉的時期。對自己課以嚴格的修行，排除不需要的多餘事物，等確立自己的風格獨立以後，將迎來真正的幸運。這才是數字「7」所具備的含義。

★字形由來»「7」的形狀是「斜向箭號」，不同於同樣象徵箭號的「1」和「4」，「7」的箭頭不是朝著正上方，而是往右傾斜30度角左右。「7」的形狀告訴我們，通往「新次元」的大門就位於人們斜右上方30度角的位置。「七芒星」之所以不像「五芒星」或「六芒星」那麼知名，或許是因為其理想太高、過於曲高和寡吧。

★角色»正如「一週七日」、「彩虹七色」、「七大脈輪」所示，數字「7」代表的是事物的完結、一個週期的結束。意味著憑一己之力完成某事物，不流於俗，堅持貫徹自身強烈的個人風格。為了獨力開拓全新的世界，即使遭到孤立也不害怕，即使被人批評孤僻難相處，也依舊堅守自己的生存之道，這就是「7」所扮演的角色。如此堅持不懈的態度，終將讓人迎來「祝福、勝利」。

★成語、諺語»幸運7、七轉八倒（不停跌倒）、七轉八起（無論失敗幾次，都不放棄）、看似無亦有七癖（人無完人）、父母七光（父母的庇蔭）、百歲孩童七歲翁（即使是孩童也可能極具智慧，即使是長者也可能極為無知）、一白遮七難（一白遮三醜）

★象徵圖形»

「8」的密碼

「熱情、無限、富足」

數字「8」代表的是「物質與精神」、「看得見的世界與看不見的世界」等兩個世界的「整合」、「均衡」、「循環」、「平衡」。「8」的形狀同「無限（∞）」的符號一樣，象徵著「繁榮」、「榮耀」、「財富」、「富足」，具備了讓事物無限增幅的強大力量。

數字的特徵		
顏色：橘色	性別：女性	氣質：陽
角色：開心果	思考：感性派	成長：大人

★8的意義》「8」的形狀同「無限（∞）」的符號，象徵著「繁榮」、「榮耀」、「財富」、「富足」，擁有無限增幅的龐大力量。在日本，漢字「八」由於字形上窄下寬，因為其延伸的視覺，所以被視為吉利的數字。另外，諸如「四面八方」、「八方堵塞」（走投無路）、「八面玲瓏」等成語，「8」也意味著「各種方向」、「所有面向」。其他像是「八島」（多個島嶼）、「八雲」（層層疊疊的雲）、「八百萬」（千千萬萬）、「八

千代」（千秋萬世）等詞彙，「8」也象徵著「很多」、「全部」、「永遠」。

★**字形由來**》據說「8」的形狀源自「無限（∞）」的符號。「兩個〇」代表截然不同的「兩個世界」、「兩極」，藉由兩者的統合與循環，可以創造更巨大的能量。此外，「8」還是「4」的倍數，代表「基礎、基本」的兩個四方形彼此交疊，其形狀讓人聯想到「寶石」，也象徵著具備現實力量的物質富足。

★**角色**》「8」的功能在於「增幅、擴大現實的能量」。增幅並擴大物質的力量與能量，正是數字「8」的角色。以樹木的成長來比喻，正是結實累累的收穫時期。此外，正如無限循環的莫比烏斯環，由「兩個〇」組成的「8」，也具備了連結、統合現實世界和靈性世界，在調節雙方平衡的同時，使其無限循環的功能。

★**成語、諺語**》八面玲瓏、八方堵塞、朝四面八方發怒（遷怒他人）、八頭六臂、嘴八張手八條（能言善道）、八分飽、八百萬、八千代、一或八（賭一把）

★**象徵圖形**》

「9」的密碼——「終結、智慧、放下」

「9」位於數字的最後，是「結束、最後一棒」，代表包含現實世界與另一個世界在內的宇宙全體循環，象徵了「智慧」與「真理」。「9」既是數字循環週期的基本，也內含了「1～8」其他數字的所有要素，是代表「終結、結束、統合、統整」的數字。

數字的特徵

顏色：紫色　性別：男性　氣質：陰
角色：領袖　思考：理性派　成長：大人

★9的意義》「1＋8」、「2＋7」、「3＋6」、「4＋5」無論哪一組，得出的答案都是「9」，這是包含所有數字要素在內的「終結、結束、統合」數字。由於單數中沒有比「9」更大的數字，因此它具備了「最後、全部、統整」等含義。此外，「9」也是「智慧」的象徵，又代表「真理」、「神祕力量」、「宇宙意識」，具備了統整萬事萬物、使其重生的力量，因此又被視為「偉大的賢者數」。

★**字形由來**》》「9」的形狀是「頭很大的智者」，象徵著「腳步不穩的老人、賢者」。上半部的「〇」代表「一個宇宙、世界」，其中滿載著許多智慧。將腦中的智慧及經驗回饋給社會，成為銜接新生命與新時代的橋梁，就是「9」的任務。此外，「6」與「9」兩者結合的話，就成了太極圖，「孕婦」與「老人」象徵的正是生命的起始與完結。

★**角色**》》「9」的角色是「整合全體的最後一棒」、「為了交棒給下一個新世界，自願擔任輔助者」。因此，數字「9」具備了強化並輔助其鄰近數字的功能。以樹木的成長來比喻，正是回歸大地的時期。這個數字代表施展目前為止累積的所有智慧、經驗來整合全體，無私貢獻社會，為全人類付出。

★**成語、諺語**》》十拿九穩、三三九度（日本婚禮中的交杯酒儀式）、三跪九叩、九死一生、九牛一毛

★**象徵圖形**》》

從「九宮格」解讀數字的四大特質

圖1的「生命樹」（Sephirothic，英語：Tree of Life）顯示的正是「卡巴拉生命靈數」的基本概念。以這樣的數字配置為基礎，將各數字所具備的特質加以分類，使其一目了然的正是「九宮格」（圖2）。這是將數字1～9的特徵與特質，以每個人都具備的「四大面向」（氣質、角色、思考、成長）進行分類，將相同特質的數字分為一組，是我獨創的「數字矩陣」。「九宮格」的縱軸代表的是「成長週期」，橫軸則是「陰陽屬性」。

首先，我們先從「九宮格」來看數字的「氣質」（37頁，圖3）。縱線「3、5、8」是「陽性數字組」，縱線「2、4、7」是「陰性數字組」。「1」是「陽」，「9」是「陰」，唯一的「中庸」是位於「九宮格」正中央的「6」。換言之，「1、3、5、8」四個是「陽性」數字，「2、4、7、9」四個是「陰性」數字，不屬於「陰陽」任一方的「6」則是「中庸」數字，所有數字的「氣質」可以分類為三種。

[圖1]

「生命樹」
(Sephirothic)

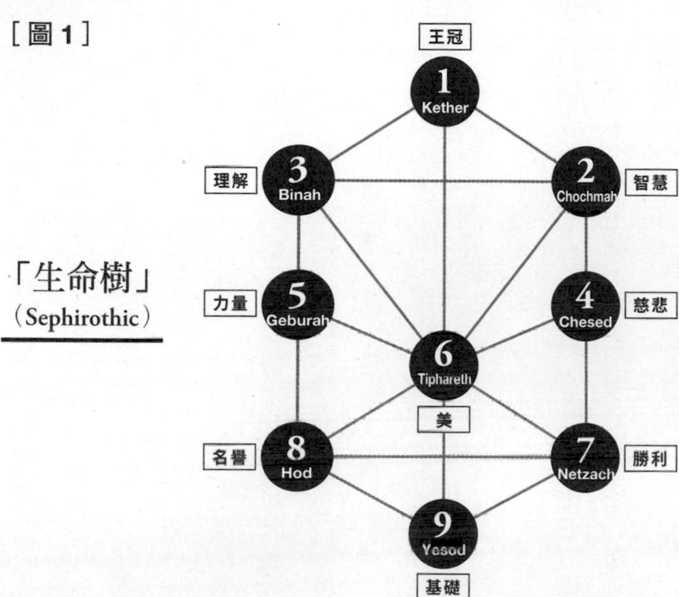

[圖2]

九宮格

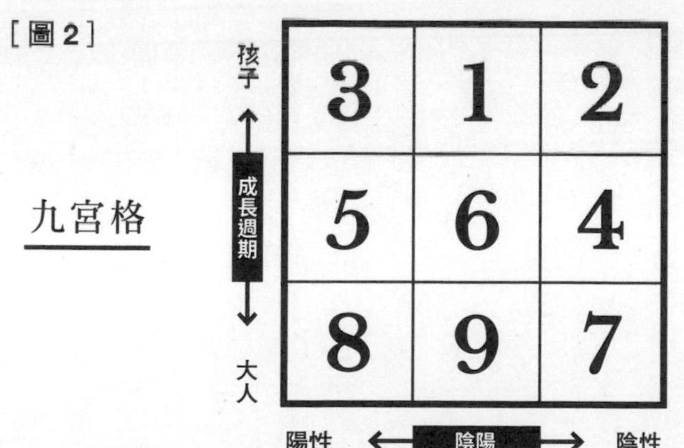

圖4的「角色」是將數字肩負的「任務」分類為三種。「陽性」數字「3、5、8」擔任的是活動力強、充滿能量的開心果，在組織裡屬於開拓疆土的「業務員」。「中庸」數字「1、6、9」扮演統合、率領團體的領袖，在組織裡相當於「管理職」。「陰性」數字「2、4、7」則是居於幕後的輔佐，在組織裡負責固守疆土，相當於處理行政事務的「後勤人員」。

從「思考模式」（39頁，圖5）來看，數字可以分為以下三類：「1、3、5、6、8」五個數字是感性大於理智的「感性派」；「2、4、7、9」四個數字則是理智大於感性、重視邏輯思維的「理性派」。此外，不靠感性或理智，憑直覺或靈光一閃來判斷的「直覺派」，是本書之後會詳細說明的「11、22、33」三大「卓越數」（又名「大師數」）。

「成長週期」（39頁，圖6）則要從橫排來判斷，橫軸最上排的「1、2、3」是年輕有朝氣、充滿創造力的「孩子」。橫軸中間排的「4、5、6」是銜接「孩子」與「大人」，具備協調力與發展性的「青年」。橫軸最下排的「7、8、9」是明辨事理的成熟「大人」。像這樣子，可以根據成長階段將數字分類為三種。

[圖3]

氣質 依據所具備的「陰陽」波動分類為三組

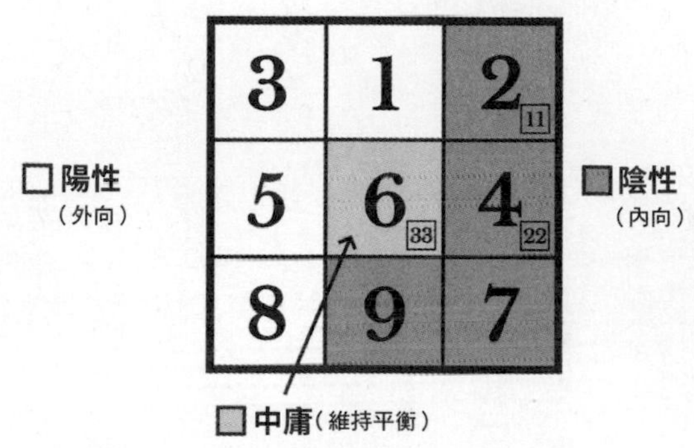

[圖4]

角色 依據在組織中發揮的「角色」分類為三組

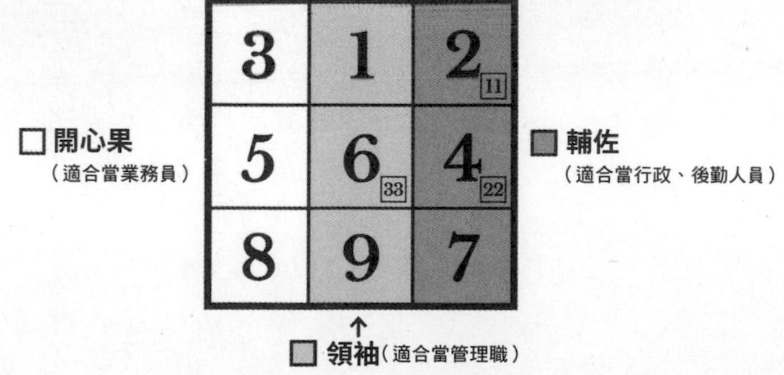

活用「九宮格」，將「氣質」、「角色」、「思考」、「成長」的分類重疊起來，就可以一眼看出每個數字具備的各項特質。

此外，「數字」也有性別，「能被2整除的偶數」是「女性」，「無法被2整除的奇數」是「男性」。「偶數」代表的是和諧、穩定的女性特質，「奇數」則代表創造力和活動力較強的男性特質。

簡單來說，以數字「1」為例，我們可以從「九宮格」一眼看出它是具備「氣質＝陽性」、「角色＝領袖」、「思考＝感性派」、「成長＝孩子」等特質的「男性」數字。

將你周遭的數字對照「九宮格」的分類，一定可以發現某些傾向。唯有了解數字本身具備的特徵與傾向，才能讀取數字要傳達給我們的訊息。

[圖5]

思考 依照思考習慣與判斷基準，將「思考模式」分類為三組

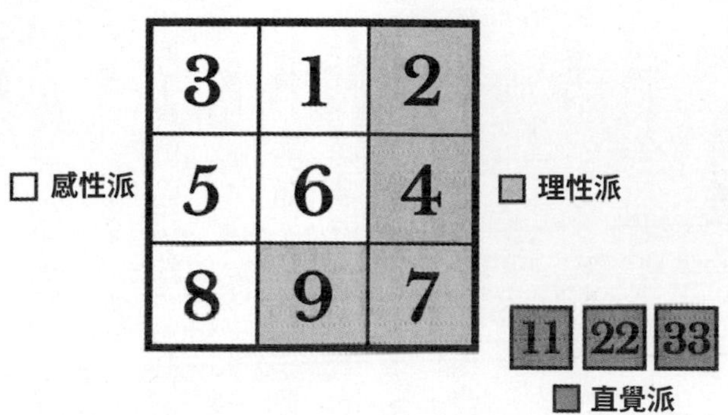

[圖6]

成長 依照「成長週期」的過程與成熟度分類為三階段

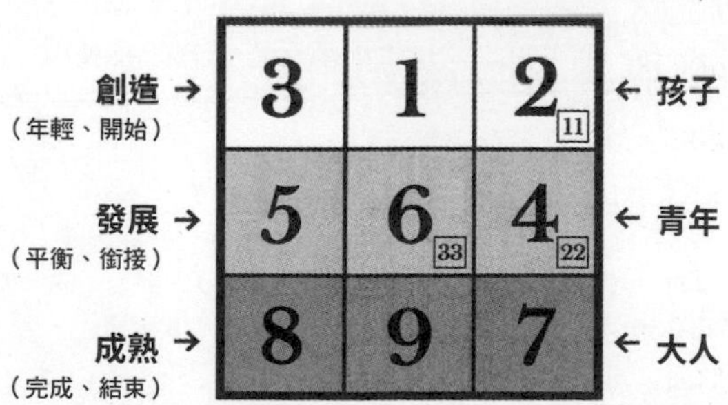

解讀身邊「數字密碼」的絕對法則

由此可知，我們周遭的數字、經常看見的有緣數字，全都帶著某些訊息，絕非「偶然」或「巧合」。可是，像手機號碼這類多位數的數字，又該如何知道其象徵意義呢？其實，只要將多位數中的個別數字加總，再將得出的數字相加直至得出一位數，最後得出的答案就是這個多位數所象徵的數字。

因為多位數不管怎麼改變其數字的排列，只要將個別數字加總起來，最後一定會得到同一個答案，這就是所謂的「加總同一法則」。記住這條法則，即使數字的位數再大，只要加總就能算出象徵這個多位數的「數字」，所以無須擔心。

[**加總同一法則**計算範例]

「多位數數字」＝ 以2016年12月31日為例

2＋0＋1＋6＋1＋2＋3＋1＝16＝1＋6＝7

2016＋1231＝3247＝3＋2＋4＋7＝16＝1＋6＝7

20161＋231＝20392＝2＋0＋3＋9＋2＝16＝1＋6＝7

111＋220＋36＝367＝3＋6＋7＝16＝1＋6＝7

不管怎麼改變數字的排列，加總之後得出的數字皆是「7」，2016年12月31日的象徵數字即為「7」。

代表「真正自己」的四大「個人數字」

在「葉月生命靈數」中，從每個人的出生年月日推算出的以下四個數字，就是象徵並主宰其人生的「個人數字」（Personal Number，簡稱PN），我們可以從這些數字來解讀當事人的本質及「人生劇本」。

〔宿命數〕代表與生俱來的基本個性、個人特質及特徵的數字

主要象徵自前世承繼的天賦、優點與擅長領域。

〔命運數〕左右個人的命運，是人生最重要的核心數字

代表今生的特質、價值觀、思維等，主掌個人的基本人格、個性及運勢。

〔使命數〕代表今生的人生課題、目標，還有不擅長領域的數字

象徵今生的挑戰目標、不擅長的領域，以及應該克服的人生課題。

〔天命數〕在背後支持整個人生，影響你是否能達成今生使命的隱藏版數字

人生後半場的重要數字，影響你能否達成今生的使命，是上天賜予的關鍵數字。

計算範例 以 1986 年 10 月 28 日出生的人為例

[宿命數的計算方法]

以1986 年 10 月 **28** 日出生的人為例

2 + 8 = 10 ……Ⓐ

將Ⓐ得到的二位數（範例中是**10**）相加至一位數

1 + 0 = 1

此數字（範例中是**1**）即為你的「**宿命數**」。

＊「11日出生」或「29日出生」的人，你的宿命數即為**11**。

[命運數的計算方法]

以**1986** 年 **10** 月 **28** 日出生的人為例

1 + 9 + 8 + 6 + 1 + 0 + 2 + 8 = 35 ……Ⓐ

將 Ⓐ 得到的二位數（範例中是**35**）相加至一位數

3 + 5 = 8 ……Ⓑ

此數字（範例中是**8**）即為你的「**命運數**」。

＊如果 Ⓐ 或 Ⓑ 得到**11**、**22**、**33**，即為你的命運數。

計算範例 以1986年10月28日出生的人為例

[使命數的計算方法]

以1986年10月28日出生的人為例

1 + 0 + 2 + 8 = 11 …… Ⓐ

此數字（範例中是11）即為你的「**使命數**」。

＊Ⓐ得到的數字若是二位數，必須相加至一位數，如「1+1=2」。但「卓越數」11可以直接使用。

＊Ⓐ得到的數字是11時，11即為你的使命數。

[天命數的計算方法]

宿命數 1 ＋ 命運數 8 ＋ 使命數 11

1 + 8 + 1 + 1 = 11 …… Ⓐ

將Ⓐ得到的二位數相加至一位數

1 + 1 = 2 …… Ⓑ

此數字（範例中是2）即為你的「**天命數**」。

＊天命數不使用11、22這類由相同數字組成的二位數，全都要相加至一位數。

四大個人數字之間的關係

倘若將人生比喻成一座山，將「宿命數」、「命運數」、「使命數」、「天命數」四大個人數字的關係用圖來呈現的話，即為下圖。活著就是在攀爬「人生」這座山，累積每一個小步，你最終將登上山頂。

首先，自出生到28歲這段時期，年輕氣盛的我們只靠「宿命數」生存。28歲到55歲這段期間，才能開始使用「命運數」的才華。隨著年歲增長，我們逐漸懂得活用「使命數」及「天命數」來攀上人生這座山，到達此生的頂峰。這就是四大個人數字之間的關係。

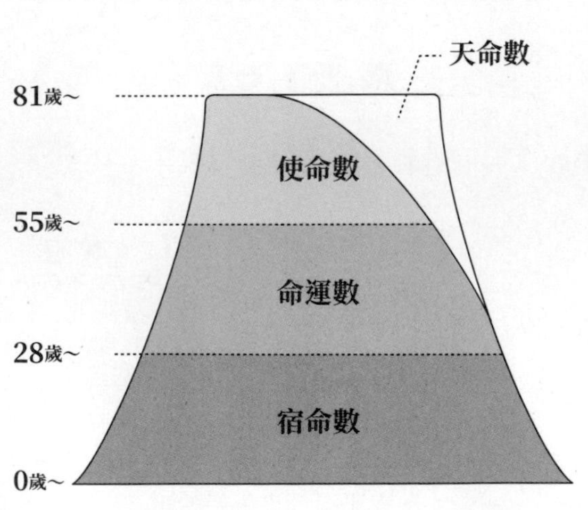

第 1 章

代表你的前世、
天生擅長領域的
「宿命數」

何謂「宿命數」？

這是「葉月生命靈數」中，代表人生基礎的重要數字。三十一個「出生日」可以分為十組。「宿命數」代表的是當事人自過去的人生（即「前世」或「過去世」）繼承而來的內在本質。這是與生俱來的「靈魂印記」，是刻錄在你生命中的基本資料，也是你今生出世之前，憑藉自己意志選擇的「個性」。

由於「宿命數」代表的是你前世豐富的經驗累積而成的特質，在這一世會以天生的個性或特質、優點及擅長領域呈現出來。孩提時期尤其容易展現出「宿命數」的正面特質，許多人在28歲前都仰賴著「宿命數」的才華生存。此外，由於「宿命數」是無須刻意努力就具備的個人天生優勢，因此許多人都沒察覺到那是自身的優點或擅長領域。在戀愛及人際關係方面，我們往往會在不知不覺間展現出「宿命數」的特質。「宿命數」的特質一輩子都不會消失，但過度仰賴「宿命數」的話，可能妨礙你活出今生注定的命運、使命及天命，這一點務必要注意。

「宿命數」與其他數字的關係

「宿命數」正如其字面所示，是一個人本就擁有的優點、特質及擅長領域。這是每個人與生俱來的「武器」，我們必須靠這項「武器」來攻略「人生」這場遊戲。因此，每個人都具備其「宿命數」所象徵的特質。觀察一個人時，以「宿命數」為基礎來判斷準沒錯！不過，雖說這是個人與生俱來的優點，卻不代表所有人都懂得積極活用自己的「宿命數」。根據我自身的經驗法則，懂得這麼做的人頂多只有二分之一，也就是一半而已。

理想的狀況是，在「宿命數」這項「武器」的基礎上，進一步發揮第二項「武器」，也就是「命運數」的特質，但懂得活用命運數的人只有五分之一左右。進階到下一階段的「使命數」，難度又更高，大約只有十分之一的人能做到。換言之，「宿命數」1／2×「命運數」1／5×「使命數」1／10＝1／100。能夠充分發揮「宿命數」和「命運數」的才華進階至「使命數」，徹底活用這三個數字的人，可說是百裡挑一的人才，才能擠進如此難進的「窄門」。

31個出生日的「宿命數」可以分類成1～9、11共10組！

將31個出生日分組的方法相當簡單！

再大的數字只要加總其個別數字，反覆相加至一位數，最後肯定能分類到1～9任一組。不過，由兩個相同數字組成的11日及數字加總後會得出11的29日，因為是地位特殊的「卓越數」，我們可以將其視為「宿命數11」。

無論你的出生日是哪天，都適用於這條法則。換言之，你可以從自己的「出生日」找出自己隸屬於1～9、11哪一組。

先了解自己屬於哪一組「宿命數」，再進一步掌握該宿命數所具備的特質與傾向，這一點相當重要。

1～9、11這十組「宿命數」裡頭，隱藏著幫助你活用自身的優點、才華等「宿命」的線索。

宿命數

組

眾人的中心人物！**領袖**

「1」是代表「最初、第一、開始」和「箭號、方向」的數字。你對「頂尖、第一、獨創」相當堅持，擁有明確的意志、主見、目標及願景，總是勇往直前，是天生的「領袖型人物」。無論你身在何處，都是眾人的焦點，氣場強大、最討厭認輸。前世的你也是領導眾人的領袖，曾經統整並團結整個團隊，帶領組織朝目標邁進。這樣的你在決一勝負的關鍵時刻，往往能發揮超乎常人的強大能量，眾人的關注非但不會讓你退縮，反而會引爆你的實力，具備大將之風的你無疑是領袖的不二人選。

1日出生	行事果決、勇往直前「我行我素的領袖」
10日出生	擁有吸引眾人的魅力「格局廣大的領袖」
19日出生	從高處俯瞰全局的「完美主義領袖」
28日出生	重情重義，愛照顧人的「大方領袖」

宿命數

組

在幕後默默支持大家的 幕僚

「2」是象徵女性特質「和諧、統合、包容」的數字。比起帶頭勇往直前，你更喜歡居於幕後照顧身邊的人，或是提供建議、進行策劃，屬於「幕僚型人物」。擅於察覺對方的情緒和周遭氣氛的變化，應對靈活，性格柔韌且富協調性。你對每個人都很和善，既親切又溫柔，深受眾人喜愛。前世的你也是輔佐領袖的幕僚，尤其擅長發揮直覺、靈感這方面的靈性才華，是活躍於幕後的「療癒系」。

2日出生	療癒系始祖的「優雅幕僚」	宿命數 2
11日出生	重視直覺與靈光一閃「不按牌理出牌的幕僚」	宿命數 11
20日出生	連結團隊的每一個人「擅長照顧人的幕僚」	宿命數 2
29日出生	關鍵時刻「可靠的幕僚」	宿命數 11

宿命數

組

天真無邪、好奇心旺盛的 孩子

形狀象徵破蛋的「3」是代表「孩子」的數字。不管到了幾歲，你都能保有清新的感性與純真的好奇心，是「永遠的少年、少女」。你最討厭乖乖待在原地不動，總是滿臉笑容、活力充沛地跑來跑去，是鼓舞周遭、活躍氣氛的開心果。極富創造力的你，總是能想出令人驚喜的奇特點子或嶄新想法。你前世的工作就是「玩樂」，在歌唱、舞蹈、戲劇、運動、繪畫、雕刻、冒險或發明等領域，具備了眾人都肯定的才華。貫徹自由自在生活方式的你，簡直就是個「天真無邪的孩子」。

3日出生	不管幾歲都不會老「天真爛漫的孩子」
12日出生	充滿活力、氣勢十足「不服輸的孩子」
21日出生	性格內向惹人憐愛的「害羞孩子」
30日出生	藏不住祕密、個性率真「自由奔放的孩子」

宿命數

組

做事認真、為人真誠的 務實者

「4」代表「安定、固定、基礎、地基」，是個嚴肅的數字。做事腳踏實地的你，為人務實，總是努力不懈。行事低調雖不起眼，卻能確實遵守規則以及與他人的約定，如此誠摯且認真的人品，使你深受周遭的信賴。適合從事公務員、律師、會計師之類需要證照的「防禦型」工作。前世的你也許曾參與建造金字塔或城堡等大型建築物的工作。你擅長藉著持續不懈的累積與努力，一步步地做出成果，是典型的「老實人」。

4日出生	穩定感無懈可擊的「能幹務實者」
13日出生	貫徹自我信念的「正義務實者」
22日出生	活躍於全世界「具備領袖魅力的務實者」
31日出生	待人和善「經常笑容滿面的務實者」

宿命數

組

行動力超凡的 自由人

「5」代表五體、五感、五臟，即人類本身，意味著「自由、變化、資訊、溝通」。你的行動敏捷，無法乖乖待在同一個地方。能夠「當機立斷、立刻行動」的你，是熱愛變化的「自由人」。擁有優秀的溝通能力，跟誰都能馬上打成一片，環境適應力極強，是團體中的人氣王。由於前世作為旅人、冒險家、遊牧民族居無定所的記憶，今生的你也相當熱愛旅行，是隨心所欲搬家或換工作的「遊牧民族」。

5日出生	無法待在原地「行動敏捷的自由人」
14日出生	下定決心就勇往直前「防禦穩固的自由人」
23日出生	身段柔軟、隨機應變「平衡感絕佳的自由人」

宿命數

守護弱者、很會照顧人的老師

6組

「6」代表腹中孕育著新生命的「孕婦」，也象徵著「愛」與「美」，是相當溫柔的數字。你非常照顧弱者，看見有煩惱的人會伸出援手，是心地善良的「教師型人物」。重感情的你淚腺發達，對不公不義無法視而不見，具有強烈的正義感。擁有優秀審美的你能夠辨識周遭美好的事物，總是想將愛分享給身邊的人，充滿奉獻精神。前世的你無疑是個好老師。熱愛美食，而且也喜歡招待人的你，是眾人眼中的「老好人」。

6日出生	淚腺發達、重情重義「容易感動的老師」
15日出生	充滿熱情與生命力「行動力超強的老師」
24日出生	浪漫主義「擅長協調的老師」

宿命數

堅持自我風格的職人

7組

「7」的形狀如同「斜向箭號」，是代表「完成、自立、職人」的數字。這個宿命數的人，是貫徹自我風格，擁有強烈堅持，個性高冷成熟的「頑固職人」。追求完美的你，是不願妥協的完美主義者。只要是自己感興趣的領域，就會徹底深入研究，不達到滿意的程度絕不罷休。前世的你應該是獨自一人專注修行的修道者，或是努力不懈琢磨獨門技術的工匠。由於保留了前輩子的記憶，今生的你只要找到喜歡的領域，就會全心投入，是眾人眼中的「狂熱分子」。

7日出生	貫徹自我風格的「頑固職人」
16日出生	無法拒絕他人請託的「老好人職人」
25日出生	心思細膩的「藝術家職人」

宿命數

組

無時無刻都在挑戰的 **鬥士**

「8」正如「無限(∞)」的符號，象徵著「財富、繁榮、富足」。你生來自帶開朗華麗的氣場，是熱力十足的「鬥士」。喜歡和眾人一起挑戰難題的你，具備運動社團特有的熱血和拚勁。這樣的你商業嗅覺也非常敏感，活力四射，經常忙得一刻都不得閒。前世的你是王室、貴族、富豪或富商這類身分高貴、生活富庶的上流階級。渾身充滿富足能量的你，鼓舞周遭跟你一起行動的能力一流，是無時無刻都在挑戰新事物的人。

8 日出生	什麼都想嘗試的「熱情鬥士」
17 日出生	貫徹崇高信念「意志堅強的鬥士」
26 日出生	為家人與朋友著想的「善良鬥士」

宿命數

組

隨時關注周遭氣氛的 **模範生**

「9」代表了「總結、結束、智慧、最後一棒」，是成熟的大人數字。你經常關注周遭的氛圍，任何事都做得很好，是眾人眼中的「模範生」。擁有強烈的求知欲，既知性又熱愛學習。在整合眾人意見的同時，還能主動去做有益他人的事，是充滿奉獻精神的「賢者、導師」。前世的你是為了實現世界和平而努力的政治家、學者或醫師，屬於高知識分子。今生你同樣以他人的幸福為優先，是非常關注環境問題及義工活動的「和平主義者」。

9 日出生	想為世人貢獻服務「胸懷大志的模範生」
18 日出生	備受周遭倚賴「平易近人的模範生」
27 日出生	私下默默努力的「高雅模範生」

「宿命數」月曆

性質 ＼ 組別	孩子：1 領袖	孩子：2/11 幕僚	孩子：3 孩子	青年：4 務實者	青年：5 自由人	青年：6 老師	大人：7 職人	大人：8 鬥士	大人：9 模範生
直接表現出數字的特質（數字1～9）	1 我行我素	2 優雅	3 天真爛漫	4 能幹	5 行動敏捷	6 容易感動	7 頑固	8 熱情	9 胸懷大志
男性特質加上數字特質（10開頭數字為主）	10 格局廣大	11 不按牌理出牌	12 不服輸	13 正義	14 防禦穩固	15 行動力超強	16 老好人	17 意志堅強	18 平易近人
女性特質加上數字特質（20開頭數字為主）	19 完美主義	20 擅長照顧人	21 害羞	22 具備領袖魅力	23 平衡感極佳	24 擅長協調	25 藝術家	26 善良	27 高雅
孩子特質加上數字特質（30開頭數字為主）	28 大方	29 可靠	30 自由奔放	31 經常笑容滿面					

行事果決、勇往直前、永遠爭第一
我行我素的「超級領袖」

★天生的宿命》無論你自己是否意識到，你都是天生的領袖、首領及指導者。格局恢宏的你生來就是為了成為領袖。天生自帶引領眾人朝目標邁進的強大能量，猶如一支直行疾飛的箭、絕不三心二意。具有挑戰精神的你熱愛嘗試未知的新事物，關鍵時刻能夠發揮絕佳的爆發力或行動力。懂得為自己的人生負責，還兼具親自開創人生的決斷力與執行力。

你生性開朗，充滿朝氣，表裡如一的爽快個性，讓你深受眾人喜愛。心裡的想法全都寫在臉上，無法說謊或隱藏心事。即使身處人群，也非常醒目，隨時散發主角氣場。當你接受自己的宿命，發揮強大的領導能力，將為周遭的人們帶來希望與活力，成為眾人憧憬的存在。

★從宿命看工作、財運、戀愛》你的領袖特質最容易表現在工作上。女性也傾向終生工作不退休，比起待在組織，以一國或一城之主的身分獨立創業，更容易讓你獲得成功。愛出風頭的你，人緣也很好，可以靠自身的實力在短期間內賺到大錢，財運相當不錯。戀愛方面也是，你不愛耍心機，總是直球對決。喜歡上一個人，就會持續發動攻勢，將意中人追到手。婚後會成為典型的「一家之主」或「老婆當家」。想要守護家人的強烈責任感及愛照顧人的性格，是你寶貴的優點。

★**前世之業**》》就算你覺得自己表現得很平常，卻經常被人批評「高傲自大」、「高高在上」，這或許是前世之業的影響。與生俱來的崇高理想與自尊心，讓你的語氣與態度顯得較為高傲。因為深信自己一定是對的，經常不由分說就命令他人，給自己招來敵人。天生的領袖氣質一旦往負面發展，可能會在自己的小圈子裡作威作福，成為靠蠻力控制旁人的暴君，這一點務必要多注意。

★**你的前世、過去世**》》**「大航海時代的冒險家」**

你在過去幾世肯定有多次當國王、貴族、君主、領主、黑道老大等男性領袖的經驗。尤其在前世，為了尋找未知的新大陸，你曾參加冒險的大航海之旅，出發前往全新的世界。

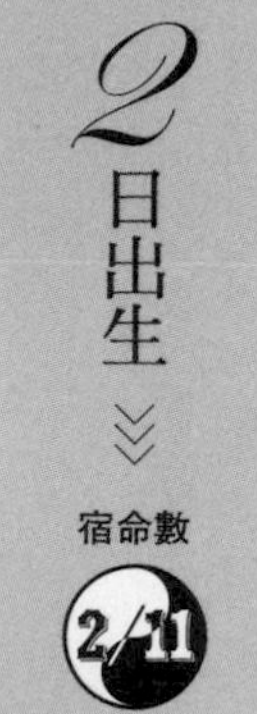

2日出生 ≫ 宿命數 2/11

與生俱來的女性溫柔特質 療癒系始祖的「優雅幕僚」

★天生的宿命≫你生來注定成為「在幕後輔佐領袖的幕僚」。2日出生的你，過去幾世大多是女性，今生無論是男是女，都具備了被動、包容力強的女性特質。人品溫和，待人真誠，做事面面俱到。你不喜爭鬥，個性穩重溫柔，行事落落大方不愛出風頭，比起成為眾所矚目的主角，扮演陪襯的綠葉，能夠讓你更加平靜、生氣蓬勃。

你待人親切，樂於服務，可以敏銳察覺到周遭氣氛的變化，主動緩和緊張的氛圍，是深受眾人喜愛的「療癒系」。身段柔軟的你跟任何人都能融洽相處，行事優雅，低調不愛出風頭，為人謙虛又樂於付出。貼心的你總能在對方開口之前，先回應他們的要求，又擅長隨機應變，因此備受周遭的人們信賴及喜愛。出於宿命的影響，你尤其容易受到長輩們疼愛。

★從宿命看工作、財運、戀愛≫能否遇見值得尊敬的領袖，將大幅左右你的工作運。你適合擔任從旁輔佐的參謀或祕書，還有發掘他人才華的製作人。能夠發揮服務精神的醫療、社福相關工作，還有教職或服務業也非常適合你。

你在戀愛方面較晚熟，是典型「被動等待追求」那一方。在對方的主動追求下結婚，更容易獲得幸福。進入家庭後，會非常珍惜家人，女生會成為「賢妻良母」，男生則是「理想奶爸」。你的金錢觀很務實，擅長管理家庭收支。雖然不怎麼愛錢，後半生卻有可能獲得不動產類的遺產，意外得到大筆金錢。

★**前世之業**≫因為討厭與人爭鬥，你總是小心翼翼看他人的臉色，不擅長自己做決定或表達意見，因此容易一個人煩惱，或是變得優柔寡斷。如果你總是無視自己的心情，經常壓抑情緒，極有可能是受到前世之業的影響。之所以會被強勢的人影響或容易依賴特定的人、事、物，也是源自前世之業。溫柔與意志薄弱之間往往只有一線之隔，偶爾也要鼓起勇氣果斷拒絕對方。

★**你的前世、過去世**≫**「輔佐古埃及法老王的第二王妃」**

過去幾世你曾以祕書、管家、奶媽、宮女、監護人、旅館掌櫃、參謀的身分，從旁輔佐領袖。前世的你是輔佐埃及法老王的第二王妃，深受侍從們愛戴。

3日出生 宿命數3

不管到幾歲都不會老 愛親近人「天真爛漫的孩子」

★**天生的宿命》**你的個性開朗直率，喜歡取悅眾人，總想著要給人驚喜，天生自帶頑童般的孩子氣。你經常發揮旺盛的好奇心，以嶄新的點子與出人意表的創意，不斷挑戰新事物，簡直就是天生的娛樂家。卓越的幽默品味、天真無邪的氣質及親人的討喜個性，正是宿命賜予你的禮物。這樣的你無論做什麼都不會被討厭，非常吃香。交遊廣闊、受到許多人喜愛，總是給人們帶來歡笑，是眾人眼中的偶像明星。

你天生具備敏銳的直覺，腦筋也轉得快，擅長即興表演，瞬間就能炒熱現場氣氛。不排斥引人注目這一點也是宿命帶來的影響。擁有決斷力與行動力的你，生性樂天又善於表現自我。即使遭遇失敗也能很快振作起來，轉眼就將煩惱拋到腦後，馬上迎接下一個「新挑戰」，如此樂觀向前的態度也是你的特質之一。

★**從宿命看工作、財運、戀愛》**開朗正向的性格，讓你注定成為組織的開心果。備受長輩及上司疼愛的你，有望平步青雲、出人頭地。天生財運極佳，沒有經濟方面的煩惱，比起存錢，你更喜歡而且擅長的是花錢。

戀愛方面，你容易被個性獨特的怪咖吸引，這也許就是追求新奇的宿命吧。你能看穿一個人的本質，倘若出於無聊的算計或虛榮跟人談戀愛，一定會吃苦頭。和另一半吵架的話，別忘了要馬上道歉喔。這樣的你一旦結婚，應該能和伴侶或孩子像朋友般輕鬆地相處，建立一個笑聲不斷、歡樂又開明的家庭。

★**前世之業**》不管到了幾歲，你天生的孩子氣都不會消失。做事缺乏計畫，不擅長腳踏實地持續做一件事，也不想這麼做。你不愛存錢，總是有多少花多少。這樣的宿命特質往負面發展的話，就會出於好奇心挑戰各種事，由於不懂得瞻前顧後，事情往往半途而廢，給周遭的人平添不少麻煩。容易得意忘形的你，對吹捧或誘惑沒有抵抗力，要小心別沉溺於眼下的快樂，被旁人的甜言蜜語欺騙。

★**你的前世、過去世**》**「住在亞馬遜叢林深處的野孩子」**

前世的你是亞馬遜叢林深處某部落酋長的兒子，雖然努力學習狩獵及跳舞等技能，某天突然想要看看外面的世界，就此離家展開一段冒險之旅。

腳踏實地、無懈可擊的穩定感！認真的「能幹務實者」

★天生的宿命≫你生性認真務實，重視常識、規則、約定及規定，個性一絲不苟，非常遵守規定。個性穩重的你，遇事不會驚惶失措，穩定感簡直無懈可擊！擁有堅定的信念，能夠確實完成每件事，這樣的才華是宿命給你的禮物。你善於忍耐，就連小事也不會輕忽，做事腳踏實地按部就班，力求完美直至最後一刻，是責任感極強、相當努力的人。

這樣的你無法容許謊言或欺瞞，更不會敷衍了事，人品端正為人誠摯，個性有些笨拙卻深受周遭信賴。擁有強烈的信念，對於自己認為「正確」的事會貫徹到底。平時個性溫和，重視自身的步調，辦事非常穩妥。喜歡考證照的你會有計畫地念書，考取想要的證照，如此強大的意志力也是你天生的特質。你不喜歡含糊不清、不明不白的答案，偏好能以科學證明、眼見為憑的事物，也非常重視倫理和常識。

★從宿命看工作、財運、戀愛≫做事勤勉努力、腳踏實地的你，適合在組織裡工作。

你不喜浪費，屬於一步步穩健累積財富的類型。由於擅長理財，適合稅務、財務、金融相關的工作。也適合公務員這類需要證照、一板一眼的工作，或是要求細膩作業的專業技術工作。戀愛方面，不懂耍心機的你，總是正面對決，憑直球一決勝負。在性愛方面也很被動，跟「外遇」或「背叛」完全沾不上邊。在家庭裡，你是能幹的「好孩子、好妻子（丈夫）、好媽媽（爸爸）」，大家對你的評價都很高。不過，要注意別總是事事追求完美，勇於承認人類軟弱的一面，能擴大你的格局。

★**前世之業** ≫ 身為一個能幹的人，你的宿命就是凡事容易做過頭，成為「不知變通的頑固傢伙」。「非這樣不可」的執著太過強烈，就會強迫他人接受你認為正確的事，或自以為是地責備或評判他人。此外，過度保守一味追求安定，也會讓人喪失挑戰新事物的勇氣與鬥志，人生因此變得索然無味。由於責任感太過強烈，你容易將問題或煩惱全部攬在自己身上，建議你養成找人商量的習慣。

★**你的前世、過去世** ≫ **「住在西伯利亞鄉下的村民」**

你的前世是住在極北之地西伯利亞的村民。在嚴苛的環境下，勤奮的你為了守護家人，一輩子腳踏實地認真工作，過著安定平穩的日子。

無法乖乖待在原地
「行動敏捷的自由人」

★天生的宿命 》宿命數「5」的你具備了「自由、變化、行動力、靈活應對、環境適應力、溝通力」這些人類獨有的特質，是你與生俱來的才華。個性活潑開朗，朋友眾多，學習能力超強又伶俐。你討厭被規則或框架束縛，非常崇尚自由。行動力超凡，不管到哪裡都能迅速融入當地，是天生的人氣王。像派對這類多人聚集的場合，最能讓你如魚得水，神采奕奕發揮自身的才華。

你的好奇心非常旺盛，喜歡新鮮的人、事、物與場所。任何事都想親自體驗看看，覺得好就會立刻採用，思緒相當靈活。腦筋轉得快，對流行也很敏感，消息靈通，還善於應變。此外，情緒表現也很直接，喜怒哀樂全都寫在臉上。情緒切換快速的你，能立刻採取下一個行動，敏捷的行動力與樂觀的天性正是你的魅力。

★從宿命看工作、財運、戀愛 》討厭被管的你，適合限制較少的自由業。因為喜歡到處跑，從事貿易、觀光、旅遊業也不錯。由於天生人氣頗高，也適合酒水業或服務業。財運方面起伏較大，既有可能一夜致富，也可能在轉瞬間散盡家財，比較難避免大起大落的劇烈起伏。

你擁有不錯的時尚品味，擅長聊天，話題又豐富，廣泛的興趣也讓你的生活多采多姿。在性愛方面，你相當熱情，技巧也很棒，是不可多得的好情人。不過，你不太適合會限制個人自由的婚姻，婚後也無法乖乖待在家庭裡，也許會步上「情史豐富的人生」。

★前世之業 ≫ 追求自由的天生特質一旦過了頭，容易演變成負面的自私任性。熱愛變化的你，實在很難乖乖安定下來。由於欠缺專注力，做事總是三分鐘熱度，經常分心被其他事物吸引。這樣的你樣樣通卻也樣樣鬆，做事半途而廢的半吊子行事風格，正是前世之業的影響。一旦遭遇困難很容易逃避現實，因此更要時常提醒自己不可以逃避問題，盡最大努力好好認真過日子。

★你的前世、過去世 ≫ 「到處漂泊的旅人、吉普賽人」

你的前世是輾轉於歐洲各地，四處旅居的飄泊旅人。聰明伶俐的你每到一處都能迅速習得當地的語言、風俗與各種技能，也結交了不少好朋友。

淚腺發達，別人有難無法坐視不管
重情重義「容易感動的老師」

★**天生的宿命** ≫你的心地十分善良。個性穩重，不喜爭鬥，總是笑容滿面，對誰都很溫和親切。你對別人的煩惱無法坐視不管，豐沛的情感是你的天生宿命。溫暖、包容的親切性格，吸引許多人親近你，將你當作母親般仰賴。淚腺發達的你對電影、連續劇或他人的故事很能感同身受。表情豐富，喜怒哀樂全都寫在臉上，一點小事就能讓你高興得不得了，特別容易感動。

正義感強烈的你，不允許有人違反規則、說謊或違法。尤其討厭欺負弱小的人，會勇敢站出來維護正義。此外，你的母性本能很強，對於前來投靠自己的人會大方給予物品或金錢上的資助，絲毫不在乎得失，把對方當成親人般悉心照顧。由於天生愛照顧人，你既擅長也喜歡教導他人。

★**從宿命看工作、財運、戀愛** ≫你最適合擔任整合團隊的角色。像是在現場和大家一起揮灑汗水的店長，或是發揮服務精神的學校老師、幼保老師、護理師、照護員等。

你很會照顧人，經常大方請夥伴或晚輩吃飯。這樣的付出終有一天會以某種形式回報到你身上，因此不太會有經濟方面的煩惱。

你是典型的賢妻良母，照顧起人無微不至，即使是男性也樂於為對方付出。但要注意可能會因為太愛對方被騙，或是做出跟蹤狂般的瘋狂行動。婚後你會成為處處為家人著想的「好媽媽、好爸爸」。疼愛孩子的你，也非常熱衷於教育。把家人放在人生的第一順位，正是你的宿命。

★**前世之業**》喜歡照顧人的特質一旦過了頭，有時也會不顧他人的狀況和需求，一股腦兒地強迫對方接受你認為「好」的事情，成為「愛情的強迫推銷員」。明明是自己出於自願照顧對方，一旦沒有得到對方的感謝，就會忍不住鬧起彆扭，有時也會以愛之名試圖操縱或掌控身邊的人。凡事應該講求中庸之道，過猶不及都於事無益。看到旁人有難就忍不住幫忙的你，要注意別越陷越深。

★**你的前世、過去世**》**「羅馬帝國或王室的家庭教師」**

你在過去幾世大多是教師、修士、保母這類濟貧扶弱的角色。前世你是負責照顧國王子嗣的家庭教師，代替母親給予這些孩子滿滿的愛。

專心致志，獨自前行 貫徹自我風格的「頑固職人」

★天生的宿命》個性獨立自主的你，不在意他人的想法。你不愛跟別人比較，也不好競爭，喜歡按照自己的步調做事。不擅長成群結隊的你，是喜好單獨行動的「一匹狼」。這是你與生俱來的宿命特質。精神方面較早熟的你，自幼就是個小大人，總是一副冷靜、淡定的樣子。不愛向他人表露自己的情緒或喜怒哀樂，也從不對人吐露心裡的真心話。

理智又努力的你，是講究細節的完美主義者。擁有明確的想法及不容侵犯的私人領域，絕不輕易妥協。無論男女都能貫徹自我風格，天生自帶職人特有的純粹與帥氣。你沉默寡言，乍看之下有些冷淡不夠親切，其實你並非故意無視對方，而是在冷靜觀察周遭。只要詢問你的意見，你就會以敏銳的分析能力，給予最適切的建議。

★從宿命看工作、財運、戀愛》當你找到值得用一生來鑽研的「某個領域」，就能發展自己身為職人的講究特質，成為該領域數一數二的專家。身為一個天生的職人，你認為「做自己喜歡的工作最重要」，金錢只是其次。重視自己的堅持與風格，不輕易妥協，反而能讓你的人生更容易走向成功。受到宿命的影響，你周身散發一股神祕的氛圍，有時不經意間露出的脆弱中帶著些許寂寞的神情，在旁人看來簡直是難以抗拒的魅力。即使是最親近的家人，你也會保持適當的距離，偏好各自獨立的關係。對你而言，獨處的時間與空間非常重要，不喜歡自己的私人領域被侵犯。

★前世之業》你不擅長與人溝通，由於過度重視自己的世界，無法主動與人交流，因此經常遭到旁人的誤解或孤立。你總是站在高處冷靜地俯視著世間，世人的愚蠢只會讓你更討厭人類，這也是前世之業的影響。過度壓抑喜怒哀樂之類的情緒表現，容易讓你顯得冷酷無情，成為旁人眼中難相處的人，平時最好增加跟社會以及周遭人們的接觸。

★你的前世、過去世》**「中世紀英國的騎士」**

前世的你非常崇拜身為騎士的父親，即使這個職業在中世紀的歐洲已逐漸落伍，你仍以成為騎士為目標，接受嚴格的訓練，徹底貫徹騎士精神直至人生的最後一刻，是孤高的戰士。

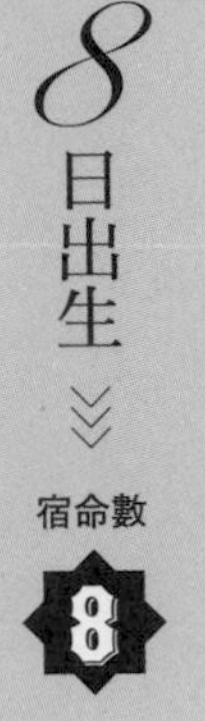

8日出生≫

宿命數 8

多元發展，多方挑戰
充滿活力的「熱情鬥士」

★天生的宿命≫你是一個「熱血」的人。任何事都想嘗試看看，不達目的絕不罷休，無法乖乖待在同一處。不服輸的個性讓你在面對困難之際，反而能夠燃起熊熊的鬥志。對你而言，和夥伴一起朝著同一個目標努力就是最大的動力，更是自己的存在價值。忙碌的身影在他人眼中看來可能會覺得很辛苦，其實你只是依循自己的宿命而已，一點也不以為苦。

個性開朗充滿活力的你，最喜歡熱鬧。再加上天生氣場強大，無論做什麼都相當醒目。執行力強，還自帶號召眾人一起行動的巨大能量。同時兼具極佳的商業嗅覺，任何事物一經你的手，都有可能用來賺錢。你熱愛新事物，對未知事物的好奇心更是常人的兩倍。性格大膽豪邁不拘小節，最愛一大群人一起歡笑嬉鬧，具備運動社團特有的熱血特質。

★從宿命看工作、財運、戀愛≫「工作即興趣」的你是天生適合做生意的命。你的商業敏銳度超群，做什麼都會成功。不喜歡自己一人單打獨鬥，偏好眾人一起打拚的團隊行動。天生財運極佳，自己出來創業的話，很可能靠白手起家創造出龐大的財富。戀愛方面，則會不管不顧對方的狀況發動猛烈攻勢。天生自帶放大能量的你，即使腳踏多條船也不以為意，婚後也不會安分待在家裡。一輩子都不想退休的你，同時擁有多種興趣，每天跑來跑去，忙得不亦樂乎。

★**前世之業**≫當你的宿命能量太過強烈，容易將周遭的人耍得團團轉。由於喜歡同時進行好幾件事，經常搞得自己無法收拾，這正是前世之業的影響。你擅長把事情辦得轟轟烈烈、引人注目，卻總是做完就立刻奔向下一個目標，讓身邊的人替你善後。因為前幾世身為掌權者的記憶，你容易用高高在上的態度強迫他人接受自己的做法，對於不願服從自己的人，打壓起來更是毫不手軟，因此容易招來旁人的反感，必須多注意。

★**你的前世、過去世**≫**「中國秦始皇時代的女中豪傑」**

你在過去幾世是王室、貴族、富商、大盜、賭徒，與大筆財富相當有緣。前世的你是秦始皇時代的女中豪傑，一介平民的你靠著做生意白手起家，憑一己之力創造出龐大的財富。

樂於服務世人
愛好和平「胸懷大志的模範生」

★天生的宿命 》你想要對世界、對全人類有所貢獻。不僅腦袋好，求知欲也很強，是知性的知識分子。你非常聽父母的話，是認真的好學生。天生自帶冷靜成熟的氣質，心地善良，感受強烈，性格純真。你不喜鬥爭，愛好和平。學習勤奮，成績表現也很好。經常關注團體的動向，以細緻入微的體貼來整合團隊，是典型的「班長型」人物，深受父母、師長、上司的喜愛與賞識。

你不會過度主張自己的意見，行事低調不張揚。即使是眾人都不想做的事，只要你認定有必要，就會以身作則率先行動。浪漫主義的你愛幻想，真心期盼「世界和平」，願意為了實現夢想努力不懈，是天生的理想主義者。平時喜歡待在房間裡看書、打電動，屬於偏好靜態活動的室內派。

★從宿命看工作、財運、戀愛 》「這份工作是否能對社會或世人有所貢獻？」這一點將大幅左右你對工作的動力。像政治家、公務員、醫師、藥劑師、照服員這類公眾服務性質較強的工作，比較能提升你的幹勁。你不會選擇只以賺錢為目標的工作。唯有結合賺錢與社會貢獻的工作，才能提升你的動力和財運。知性、溫柔、外表乾淨清爽的你，給人的印象極好。你會區分戀愛與結婚，冷靜選擇適合自己的結婚對象，婚後致力於建立理想家庭。這樣的你雖然是「賢妻良母」、「好爸爸、好丈夫」，倘若不說出心裡真正的想法，跟另一半也許會成為無法交心的假面夫妻。

★**前世之業**》由於自幼習慣扮演「乖孩子、模範生」，有時連你也搞不清楚自己真正的想法，覺得自己沒有價值，因此懷抱罪惡感。一旦摘下乖孩子的面具，可能會出現雙重人格。受到過去幾世身為知識分子的影響，你很愛講大道理，對喜愛的事物非常狂熱，私底下的自尊心也很高。這樣的你對「是非對錯」的標準相當嚴苛，容易用自己的標準去評判他人的對錯，務必要注意這一點。

★**你的前世、過去世**》**「平安時代的宮廷貴族」**你在過去幾世大多是政治家、宗教家、學者、醫生這類社會地位崇高的身分。前世的你是平安時代的宮廷貴族，為了報效國家辛勤地工作，卻無法如願改變社會，最後心灰意冷隱遁，就此遠離塵世。

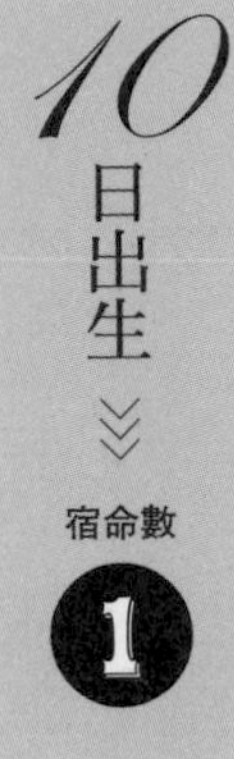

擁有吸引眾人的神祕魅力「格局廣大的領袖」

★天生的宿命≫你的宿命會強化自身的領袖特質，放大你的格局。天生自帶一股神祕魅力的你，會吸引人們聚集到身邊，在不知不覺間成為眾人的焦點，發光發熱。不拘小節，個性大剌剌不愛計較，表裡如一的爽快性格，使你受到所有人喜愛。再加上為人慷慨大方，行事大膽豪爽。高揭遠大理想及願景的你，能發揮可靠的執行力與指導力，帶領眾人一起實現目標。受惠於宿命的天生特質，你能從全方位掌握大局，廣闊的視野再加上自然不做作的體貼，使你得到眾人的愛戴。情緒分明的你，喜怒哀樂全寫在臉上，個性直率不愛說謊。即使一時生氣或沮喪，也能迅速切換心情，拋開負面情緒，不讓壞心情影響自己。你是典型的「大哥大、大姊頭」，非常照顧那些仰慕你的人，但無法拒絕他人的請託，也成了你難以避免的宿命。

★從宿命看工作、財運、戀愛≫受人愛戴，能夠統整團隊、帶領眾人前進，這樣的領導力，正是宿命給你的恩賜。超高人氣使你特別顯眼，很適合走演藝圈。創業企圖強烈的你，也適合從事資訊科技或不動產相關產業。天生財運極佳，懂得將自身的才華轉化為金錢收入，還有投資方面的天分，有望大幅增加自身的財富。

你很容易喜歡上一個人，感情升溫極快，談過不少戀愛。不過，你不會腳踏兩條船或是欲擒故縱玩心機，對待愛情的態度既純情又專情，會憑直覺選擇結婚對象。熱情的你本性其實很認真，無論家庭、工作、興趣，各方面都全力以赴，貪心的你不喜歡做選擇，家庭、工作、興趣全都想擁有。

★前世之業 》》「既大膽又心細」、「既豪爽又敏感」、「易熱也易冷」……由於同時兼具這些相反的特質，情緒的劇烈起伏是你無法避免的宿命。不論做什麼，你都想看到明確的成果，不會半途而廢。這樣的你一旦全心投入眼前的事情，會將身邊的人都牽扯進來，把眾人耍得團團轉，身為當事人的你卻一副若無其事的樣子，要留意別讓自己成為給旁人帶來困擾的麻煩製造者。

★你的前世、過去世 》》「南北戰爭時期的熱血軍官」

過去幾世的你大多是貴族、諸侯、市長、村長這類統帥眾人的市民派領袖。前世你是美國南北戰爭時期的熱血軍官，為了解放奴隸而勇敢奮戰。

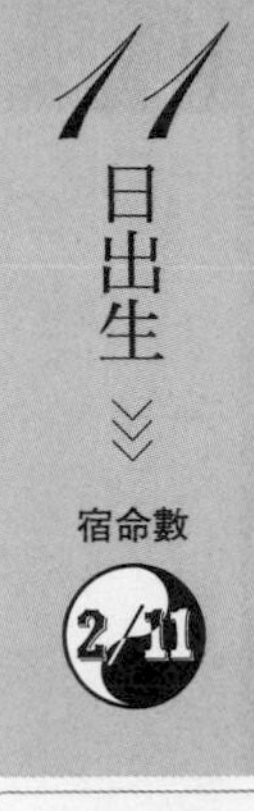

11日出生》

宿命數 2/11

做事全憑直覺和靈光一閃「不按牌理出牌的幕僚」

★**天生的宿命**》你對肉眼看不見的靈性世界相當敏感，天生自帶「神官、女祭司」的宿命。超自然感應力與直覺都很敏銳，一般人眼中神祕的靈性世界在你看來只是一般日常，這讓你成為他人眼中難以理解的「怪咖」。擁有絕佳眼光與細膩的感性，能分辨出神聖及美麗的事物。不願甘於平凡，個性十足，思想先進。感受豐富、性格純真的你，心地善良，對他人的傷痛可以感同身受。浪漫主義的你胸懷夢想又愛幻想，總是在追求新的夢想與理想，全憑當下感覺過日子。你不喜爭鬥，平時個性穩重、悠哉，卻也有頑固的一面，對自己的堅持絕不退讓。你能憑藉著天生的直覺或靈光一閃，在瞬間得到「答案」。天生自帶領袖魅力，卻不愛出風頭，偏好在幕後協助那些適合在舞台上發光發熱的人，這也是源自宿命的影響。

★**從宿命看工作、財運、戀愛**》你擁有常人沒有的奇特想法與獨創性，還有極高的超自然能力，適合從事有個性、先進、有夢想的工作，例如藝術家、創作者、治療師。

比起金錢，你更重視心靈的富足，卻不曾為了錢煩惱過，這是宿命對你的格外偏愛。一旦開始計較起錢，你的才華就會消失，這一點務必要銘記在心。

對另一半盡心盡力的你，是非常重視心靈交流的浪漫主義者。選擇結婚對象時，幾乎是憑直覺來決定。你能敏銳地察覺到對方的變心或外遇，尤其無法容忍精神出軌。此外，不被一般常識束縛的戀愛觀也容易讓你陷入不倫戀，要多注意。

★**前世之業**》你雖然能靠天生的敏銳直覺知道「正確答案」，卻無法用「邏輯」對旁人說明，因此身邊的人很難理解你的想法，這是你的宿命之業。旁人的態度稍微強勢一點，就會被對方的意見影響。就此陷入迷惘、變得優柔寡斷，開始懷疑自己原先的想法是否正確，遲遲無法下定決心，陷入自我否定的負面循環，變得神經兮兮又愛操心。你應該對自己接收高頻率波動的能力更有信心一點，在現實世界活用這份奇特的能力，為周遭的人帶來更多幸福。

★**你的前世、過去世**》**「古埃及的祭司」**
過去幾世的你曾是天文學家、醫師、女巫、占卜師，善用自身的超自然能力大展身手。前世的你是大祭司，是國王身邊最可靠的建言者，深受國王的信賴。

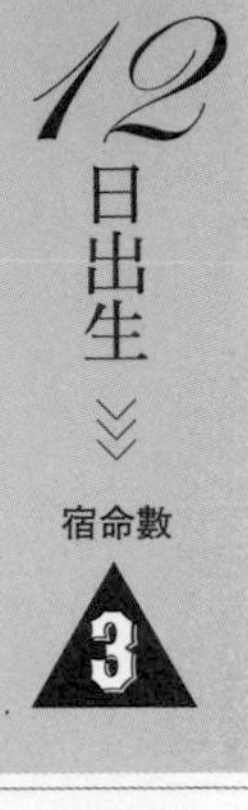

話才說一半就跑走
充滿活力「不服輸的孩子」

★天生的宿命 ≫ 你是天生的淘氣「孩子王」。性格開朗、活潑，充滿活力。生性不服輸的你，最愛出風頭，經常得意忘形。外在雖然是「愛欺負人」的人設，也很愛逞強，內心其實相當溫柔，有細膩且純真的一面。看到有人欺負弱小絕不會坐視不管，強烈的正義感也是你的宿命特質。個性直率又單純，經常以直球決勝負，得意時的衝勁更是沒人攔得住。

喜怒哀樂全都寫在臉上的你，根本撒不了謊。敏捷的反應和超高配合度正是你的特色。情緒起伏劇烈，擁有極端的兩張面孔，切換心情的速度更是一流。好奇心旺盛，進入狀況時能發揮超人的專注力和瞬間爆發力，屬於典型的短跑選手。一想到好點子就會發揮驚人的行動力，一旦抓準時機，就能搭上時代潮流來個華麗大變身。

★從宿命看工作、財運、戀愛 ≫ 你的工作能力很強，是既可以當領袖也能當幕僚的萬能人才。企劃力尤其超群，推陳出新的嶄新點子總是讓周遭的人驚豔不已。你能在賭博性質較高的領域創造巨大的財富，例如：短期決戰的活動、以創意決勝負的流行題材、一次定輸贏的股票投資或投機生意。

在戀愛方面，你容易「一見鍾情」。不同於外表給人的印象，其實相當專情，容易對初戀對象念念不忘。你非常嚮往婚姻，也很喜歡小孩。對另一半時而控制時而寵溺，捉摸不定的態度可能會讓對方無所適從。

★**前世之業** ≫ 孩子氣的你做事只有衝勁沒有計畫，凡事三分鐘熱度，總是走一步算一步。既不擅長設定目標，也不會思考下一步該怎麼走。由於無法持續專注在同一件事，導致經常半途而廢，這也是你的宿命之業。容易放棄、缺乏耐力、討厭等待是你天生的負面特質。因為不擅長整理，總是任由屋裡一片凌亂，東西用完也不收拾，撒開手就去做其他事，這樣會給身邊的人造成極大的困擾，務必要注意。

★**你的前世、過去世** ≫ **「古馬雅的運動選手」**

你在過去幾世曾是江湖藝人、小丑、舞者、戰士、音樂家、畫家、發明家。前世的你是古馬雅的知名格鬥家，今生之所以喜歡活動身體，正是前世的記憶所致。

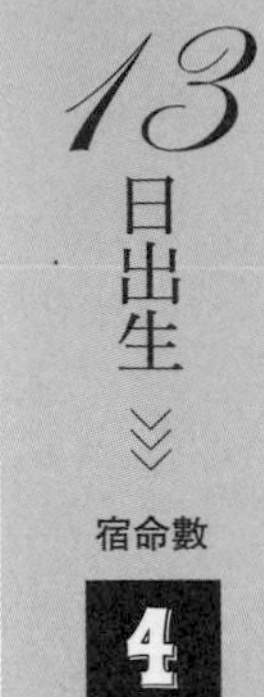

13日出生 ≫ 宿命數 4

擁有王者的威嚴與風範 貫徹信念的「正義務實者」

★**天生的宿命** ≫ 你討厭說謊或欺騙，個性直率、為人誠摯。重視常識、規則及規定，跟人約定好的事一定會嚴格遵守，這是宿命的影響。善惡分明，絕不會違背自己的信念，覺得「不對」的事斷然不會接受。你深信正義必勝，非常崇拜「正義使者」，與生俱來的穩重與安定感，讓人可以放心將任務交給你。

待人處事沉穩的你，擁有很高的人望，正如撲克牌中的國王，具備了王者的威嚴與風範。你對權力尤其敏感，甚至會為了獲得權力拉幫結派，這也是宿命的影響。做事堅持不懈、善於忍耐的你，會一步步確實累積自己的成績。心中那股熱情和強烈的責任感，讓你願意盡一切努力，只為貫徹自己的任務到最後。

★**從宿命看工作、財運、戀愛** ≫ 你在工作方面雖然沒有太醒目的表現，卻能確實完成交付給你的工作，屬於逐步累積成果的務實類型。財運方面也很穩固，不會為了錢而煩惱。不過，一旦手握大權，你可能會陶醉於金錢的力量，什麼事都想靠錢來解決，表現出「有錢就是大爺」的傲慢態度，必須多注意。

對你而言，戀愛與結婚兩者密不可分，戀愛觀較為傳統保守。白天時的你正經八百，到了晚上卻熱情如火。雖然有心扮演好自己在家庭裡的角色，卻經常用指示或命令的語氣來控制家人，容易讓對方感到厭煩。

★**前世之業**》受到宿命的影響，你非常重視「正確的事」，聽不懂別人開的玩笑，也不知變通。律己甚嚴的你，當然無法容許他人任性或自私的言行。凡事都要考慮再三，往往要花很長時間才能下決定，也常為了已經過去的事懊悔不已，這都是前世之業的影響。

由於責任感強烈，自尊心又高，導致你拉不下臉向他人示弱，經常一個人獨自煩惱神傷，必須注意這一點。

★**你的前世、過去世**》**「羅曼諾夫王朝的大貴族」**

過去幾世的你曾是國王、高級貴族、高官。前世你是俄羅斯羅曼諾夫王朝的貴族，位高權重，因此這一世的你天生自帶一股高貴威嚴的氣場。

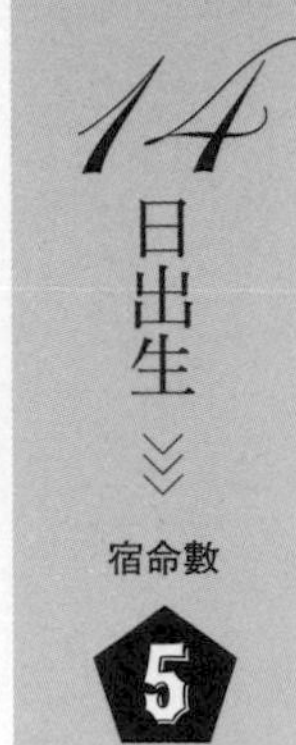

下定決心就勇往直前
「防禦穩固的自由人」

★天生的宿命》你無論做什麼都是「速度優先」！當下判斷、立刻決定、馬上行動，正是你的宿命特質。作為一個行動力超凡的自由人，你卻一點也不浮躁。做事不焦不躁，擁有明確的信念與願景，能朝著夢想直線邁進。一旦鎖定目標，就會發揮驚人的行動力，積極主動的態度是你與生俱來的特質。不過，你變臉的速度也是極快。因此，在旁人看來，你的行事方針總是不停在變，本人卻自認始終遵循一貫的原則，並非刻意刁難對方。

你的情感豐沛，很為朋友及夥伴著想，非常體貼。個性開朗，不管對方是誰都能輕鬆上前搭話，容易親近的友善性格讓你大受歡迎。興趣廣泛卻不會讓人覺得矯揉做作，各種場合都會積極露臉，因此人脈極廣。不但說話風趣，又擅長即興表演，很會炒熱氣氛，非常適合擔任宴會或派對的主持人。

★從宿命看工作、財運、戀愛》你擁有絕佳的業務員資質，學習能力強，工作速度也快，遇到突發狀況懂得靈活應變，緊急狀況下也能發揮領導能力，因此官路頗為亨通。財運方面，你天生具備良好的金錢觀，對「錢流」也相當敏感，能比別人早一步發現接下來可以賺到錢的領域，並因此賺到大錢。

天生具備高人氣的你，桃花也很多。自己明明不喜歡被束縛，卻總想著要束縛對方。雖然渴望婚姻，卻不想被家庭束縛，所以可能會晚婚。這樣的你需要極大的衝勁及決心才會步入婚姻。

★**前世之業** 》情緒起伏強烈的你，很難避免雙重人格的宿命。自己不想被人管，卻總想著要管對方，矛盾的雙標導致你無法維持平穩的心境。天生的死心眼也會使你貿然犯錯，凡事只照自己的步調一個勁兒前進的話，會讓身邊的人跟得很辛苦。此外，還得留心不要跟人隨便訂下約定，否則可能會後患無窮。

★**你的前世、過去世** 》**「地中海的海盜」**

過去幾世的你曾是冒險家、探險家、拓荒者、旅人，前世則是地中海遠近馳名的海盜。這一世的你如果總是賺多少花多少，或是喜歡到處旅行、對任何事都感到好奇，就是受到前世的影響。

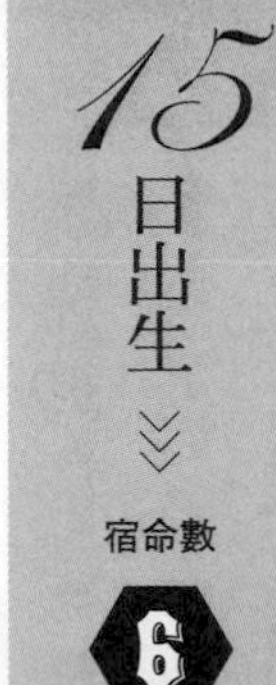

充滿熱情與生命力「行動力超強的熱血教師」

★天生的宿命≫你的個性溫柔，非常珍惜夥伴，看到自己人或晚輩遭遇危機，就會挺身而出保護對方，極富熱血情懷。你總是陪伴在家人、親朋好友身邊，陪他們一起笑、一起哭、為同一件事情憤慨不平，猶如父親般可靠，屬於熱血教師那一型。你非常重視與夥伴之間的連結、羈絆和一體感。擁有無可動搖的堅定信念，討厭一切不公不義。重情重義的溫暖個性，正是宿命造就的性格。

你很會照顧人，只要有人主動追隨自己，無論對方是誰都會接納，當成家人那般悉心照顧。看到有人發生爭執或遭遇困難，也會主動介入，為了解決他人的問題四處奔走，是典型「愛管閒事的雞婆」。無法靜下來的你，總是立即採取行動。個性直率單純，勇於面對問題，凡事全力以赴。由於生性正直，你凡事都想做到好，絕不會輕易妥協或偷懶。

★從宿命看工作、財運、戀愛≫你非常適合擔任整合工作現場的團隊領導人，喜歡在第一線跟大家一起揮灑汗水，一輩子都不想退休。財運雖然不錯，卻不擅長存錢。生性大方的你，手上一有錢就想請客。因為平時的慷慨付出，一旦遭遇危機，必定有人會對你伸出援手。

你對喜歡的人會全心全意地奉獻。受到宿命的影響，即使對方是個沒用的傢伙，你也會在經濟及精神上全力支持對方，絕對不會坐視不管。婚後你會成為重視家庭的「好媽媽、好爸爸」，但也會忍不住對孩子事事干預。

★前世之業≫生性熱情的你只要是自己覺得「好」的事物，就會不管不顧對方的想法或意願，一廂情願要對方接受。由於心中的是非觀念和正義感過於強烈，又不願違背自己的信念，有時會顯得有些偽善。因為太想守護與自己親近的人，有時會做過頭侵犯到他人的隱私，招來對方的反感，覺得你「熱血得令人難受」，務必要留意。

★你的前世、過去世≫「法軍的熱血教官」

過去幾世的你曾在學校、教會或孤兒院照顧孩子。前世你是法軍的熱血教官，負責士兵的教育。這一世的你之所以喜歡注重上下輩分的運動社團，或許就是受到前世記憶的影響。

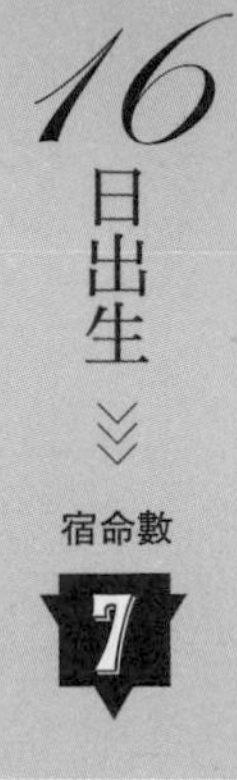

無法拒絕他人的請託
愛照顧人的「老好人職人」

★天生的宿命 ≫ 你生來律己甚嚴，不允許妥協，是獨自默默努力的「頑固職人」。你很照顧主動前來親近自己的人（家人、親朋好友、晚輩或徒弟），態度看似冷淡，內心其實非常柔軟，重情重義，是那種一被人拜託就無法拒絕的老好人。你很願意將自己的知識與技術分享給別人，是會細心指導、栽培後進的前輩。

你雖有領導才能，卻不愛出風頭，非常珍惜一個人獨處的時光。受到宿命的影響，你很重視自己一手創造的作品，他人的讚美會給你帶來無比的喜悅，覺得這正是自己生存的價值。你有很強的責任感，也相當獨立，自我要求極高的完美主義承繼自前幾世的記憶。你從不輕易對人吐苦水，總是強撐著不讓別人看見自己軟弱的一面，愛逞強的個性讓你無法拉下臉向人求援。

★從宿命看工作、財運、戀愛 ≫ 你對工作的要求非常嚴格，完美主義使你無法容許一丁點的妥協。天生的職人性格讓你格外講究細節，當工作表現受到肯定，就能一口氣收穫財富與名聲。

在戀愛方面，不同於外表給人的高冷印象，你會對戀人表露內心熱情的那一面。與對方獨處時，會撒起嬌來，表現得非常熱情，這樣的反差反而成為你的個人魅力。有了自己的家庭後，也不會過度干涉家人的隱私。不過，生來要求完美的你可能會把小孩當成徒弟般嚴格教育，連細微的小規矩也不放過。

★**前世之業**≫你律己其嚴，做任何事都很努力，因此看到不夠努力的人也會對他們特別嚴格。由於總是用自己的「堅持」為基準來判斷，容易將自身想法強加於人，強迫對方接受你的做法。從外表可能看不出來，其實你的自尊心非常強，從不對人吐露真心。頑固不肯服輸的個性，應該是受到前世之業的影響。你雖不常發怒，可一旦動怒就絲毫不留情面，給自己帶來不少後患，務必要注意這一點。

★**你的前世、過去世**≫**「中世紀德國某工會的師傅」**

過去幾世的你曾是努力修行的苦行僧、修士或職人，曾以領袖之姿大展身手。前世你是中世紀德國某工會的師傅，擅長照顧人的你培養了不少出色的徒弟。

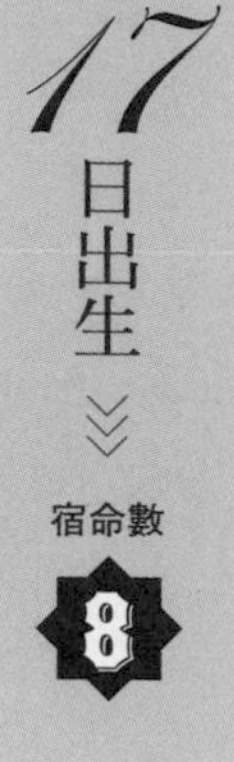

內在自尊心極高　貫徹自我「意志堅強的鬥士」

★天生的宿命》你擁有明確的信念及原則，充滿活力、十分熱情。不管面對誰，想法都不會輕易動搖，堅定的性格正是宿命給你的禮物。一旦下定決心做一件事就會卯足全力，專注力、行動力、熱情與能量均不遜色任何人。由於比一般人更討厭服輸，困難的挑戰反而會激發你的鬥志，讓你更熱血沸騰。生性豪爽的你，不會糾結於煩惱，能夠立刻轉換心情重新出發，行事非常爽利。

你的好奇心強烈，對許多事都感興趣，再加上懂得規劃，會將能量集中在有自信做好的領域，確實獲得勝利。天生具備號召眾人、統整團隊的能力，能引領大家朝著目標邁進，是可靠的領袖。你的敵我意識強烈，跟合得來的夥伴在一起時會顯得格外雀躍、精神百倍。至於跟夥伴以外的其他人交際，在你看來只是在浪費時間。

★從宿命看工作、財運、戀愛》你的商業嗅覺超群，工作對你而言既是興趣，也是自己活著的價值，無論從事任何工作都能留下亮眼的成果。財運方面，格局也是遠超於常人，能憑一己之力從零創造財富。這樣的才華、實力和超強的財運，都是宿命對你的格外關照。不過，一旦出現想獨占財富的自私念頭，可能會導致你掉進他人設下的陷阱。生性大方愛照顧人的你，非常享受別人對你的依賴和撒嬌。由於花錢大方，自然廣受眾人歡迎。熱愛工作，婚後依舊會以工作為重。在孩子的運動會或體育比賽之類的場合，你可能會表現得異常熱血。

★前世之業 ≫ 你是崇尚實力主義的獨裁者，一旦發現有人無法跟上自己的程度，就會毫不留情地捨棄對方，如此嚴厲的一面也是前世之業的影響。你會明確區分對方是敵是友，徹底打壓那些反抗你的人，是競爭對手眼中最可怕的敵人。自信和自尊心極強的你，不願聽取別人的意見，容易成為凡事都要照自己的想法主導、控制他人的獨裁者，應該格外注意這一點。

★你的前世、過去世 ≫ **「蒙古帝國的富商」**

過去幾世的你曾是大富豪、貿易商、富商、地主、大盜，累積龐大的財產。前世你是蒙古帝國的富商，曾經橫跨整個亞洲大陸，如願得到巨大財富，如此光榮的記憶也會影響到你的今生。

喜歡受到眾人倚賴
才子型「平易近人的模範生」

★天生的宿命》你擁有極佳的應變能力，能夠根據當下狀況，完美做好每一件事。此外，守備範圍極廣的你，無論是領袖或幕後人員，都能恰如其分扮好各種角色。雖然不會刻意出風頭，與生俱來的領袖魅力，使你自然成為統領整個團隊的角色。這樣的宿命特質讓你擁有統率眾人的力量與人望，朝著「世界和平」的目標努力。

天生勤奮的你，屬於「才子型」人物。不僅腦袋聰明，還兼具執行能力，深受周遭人們倚賴。由於自帶理智成熟的氣場，讓你看起來比實際的年紀還大。你對每個人都很友善，也非常照顧身邊的人，性格溫和又好親近。出於宿命的影響，你能對當下狀況做出一針見血的分析及判斷。周延的觀察力再加上豐富的知識，你提出的指正與建議總是既合乎邏輯又準確，經常令眾人甘拜下風。

★從宿命看工作、財運、戀愛》做事勤勉、能力優異的你，從事任何工作都能嶄露頭角。雖然具備成為領袖的實力，卻沒有自己創業的野心，而是想在組織裡掌握權力。

你的自尊心很強，總是努力讓自己維持中上的生活水準。金錢觀相當踏實，可望一步步累積財富。

戀愛方面，你會壓抑膨湃的情感，依循腦中寫好的劇本，用自己的步調來談戀愛。婚後會努力成為「理想的好母親（父親）、好妻子（丈夫）、好媳婦（女婿）」。你非常重視孩子的教育，從不吝惜這方面的投資和努力。

★**前世之業**》想將所有事做得盡善盡美，既是你的優點，同時也是缺點。因為太想回應周遭對你的期待，強烈的責任感反而會讓你過度苛責自己。由於你的腦袋聰明又熱愛學習，所以容易對資質平庸的人露出輕慢的態度，顯得高高在上。此外，凡事都要預判未來或分析背後意圖的習慣，也容易使你變得疑神疑鬼，無法認同不合乎自己標準或利益的人或事。建議你放鬆一點，才能從容品味人生。

★**你的前世、過去世**》**「戰國時代的知名僧侶」**

你在過去幾世大多是政治家、宗教家、醫生、學者之類，社會地位相當崇高的知識分子。前世你是戰國時代的知名僧侶，身為地方諸侯最仰賴的顧問，其實你才是背後真正的掌權者。

從高處俯瞰整體大局的「完美主義領袖」

★天生的宿命≫你天生就是領袖的命，卻不喜歡讓人知道自己的渴望。即使要當領袖，你也不想毛遂自薦，而是希望在他人的大力推薦之下，不得已只好接受重任，以這樣的形式出風頭。待人和善的你，個性穩重溫厚，雖然愛出風頭，卻很會照顧人，深受周遭眾人好評，相當能幹。其實你在背地裡總是比別人更加倍地努力，卻絕不會把這一點表現出來。

求知欲旺盛的你頭腦聰明，總是力求完美。外表也許看不出來，你的自尊心其實很強，對自己跟他人都非常嚴格，這是天生的宿命特質。你的視野寬廣，能從高處俯瞰大局，判讀今後的時代走向，掌握事物的全貌。由於天生強運，總是能在不知不覺間實現自己的夢想或願景。擁有出類拔萃的平衡感，能夠聽取眾人的意見，並統整出最好的做法，是擅長協調各方想法的領袖。

★從宿命看工作、財運、戀愛≫由於天生絕佳的平衡感，你能仔細聽取周遭每一條意見，再進行全盤的調整及統籌。這樣的能力使你廣受好評，適合擔任大企業主管這類需要管理多人的團隊領袖。你的財運既穩定又強大，雖然無法一攫千金，卻能確實累積財富。

戀愛方面，你會想要掌握對方的一切。感情表現兼具大膽與細膩的你，擁有截然不同的兩張面孔。你會將結婚列入自己的人生規劃，婚後也會扮演「好妻子、好丈夫」的角色。

★**前世之業** 》如果跟對方僅是普通交情，你在他人眼中會是個溫柔和善的「大好人」。其實你的自尊心很強，顯露在外的那一面與內心的真正想法落差極大。對方若是不小心踩到地雷，傷及你的自尊，可能會馬上翻臉不認人。即使在私人聚會裡，你也會冷靜觀察其他人的言行，並在瞬間改變對那個人的看法，如此恐怖不留情的一面，也是前世之業帶給你的影響。

★**你的前世、過去世** 》**「美國原住民部落的長老」**

你不是主掌大權或支配眾人的那種領袖，而是偏向學者、官員、政治家的類型。前世你是美國原住民部落的酋長，總是與眾人一起討論，找出解決問題的最佳方法。

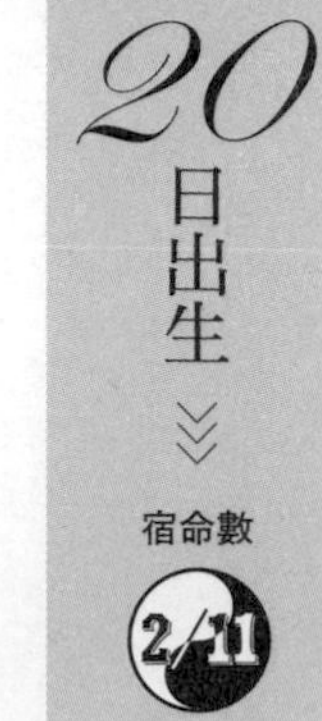

連結團隊的每一個人「擅長照顧人的幕僚」

★天生的宿命》你是眾人眼中的「療癒系」，光是有你在，就能調節現場的氣氛，給大家帶來安全感。個性溫厚穩重，待人細心體貼，擅長照顧人的你是團隊裡的「人氣王」。身為一個老好人，你經常苦於無法拒絕他人的請求，卻不會埋怨或說對方壞話。無論男女都具備了女性陰柔的特質，不愛引人注目，是在幕後負責協調與支援的無名英雄。

不喜爭鬥的你，是最適合擔任仲裁或調停紛爭的人。只要你出面協調，傾聽雙方的說詞，事情往往能夠圓滿解決。你的人品敦厚，對所有人都很親切，也不會拜高踩低，眾人都對你讚不絕口，長輩或高層們也很疼愛你。行事低調的你，不喜出風頭也不愛強調存在感，是非常重視與周遭和諧的人才。

★從宿命看工作、財運、戀愛》你在組織裡就像機械所需的潤滑油，雖不醒目卻絕對不可或缺。光是有你在，眾人就會覺得心安，這樣的特質正是宿命對你的格外關照。

你的財運平平，財富的發展取決於往來的對象。

戀愛方面，你會對另一半盡心盡力、鞠躬盡瘁。只要喜歡上一個人，眼裡就再也沒有別人，既專情又順從。嚮往結婚的你，非常適合婚姻。女性是典型的「賢妻良母」、「賢內助」，男性則是「家庭煮夫」、「超級奶爸」。一旦有了小孩，會非常寵孩子，甚至到了過度保護的程度，這也是源自天生宿命的影響。

★**前世之業**》個性猶豫不決的你，就連點餐也遲遲無法下決定，即使做了決定，也容易在事後反悔，這都是前世之業的影響。害怕寂寞的你其實很愛撒嬌，卻總是逞強著隱藏自己的真心，因此容易累積壓力。由於與生俱來的雙重性格，你一旦豁出去，可能會大膽背叛或做出不道德的行為。此外，你容易將自己人生的主導權交給親近的人，對旁人言聽計從，依附對方活著，務必要留意這一點。

★**你的前世、過去世**》**「苦守在沙漠綠洲的妻子」**

過去幾世的你曾是皇后、王妃、祕書、保安、監護人、幕僚，是在背後輔佐領袖的第二把交椅。前世你是苦守在沙漠中的綠洲，一心等待丈夫歸來的妻子。

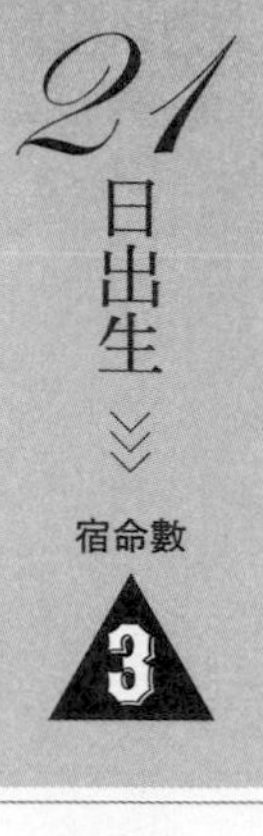

性格內向靦腆
惹人憐愛的「害羞孩子」

★天生的宿命 ≫ 你雖然具備了孩子開朗、活潑的宿命特質，但由於生性內向，屬於容易害羞的「可愛小女孩」那一型。你擁有女性特有的細心體貼及溫柔，也較為被動。性格單純天真，無法理解充滿謊言、欺瞞的大人世界。內心雖然有明確的信念，卻會顧及對方或周遭的狀況壓抑自我，這份低調也是你的天生特質。

你的母性本能非常強烈，對弱小的生命、孩子、寵物及動植物都相當愛護。個性不喜爭鬥，行動之際會考量到團隊整體的合諧。對於剛認識的人，需要花上一段時間才能敞開心胸與對方打成一片，一旦將對方視為知心好友，就會完全展露自己孩子氣的那一面，變得非常活潑。你擁有藝術天分，思想靈活富有創造力，只要找到適合自己的創作方式，就能在轉眼間大放異彩。

★從宿命看工作、財運、戀愛 ≫ 你適合從事與夥伴一起齊心協力創造新事物的工作，團隊中的你是負責協助眾人的開心果。財運方面屬於穩健發展的類型，可能會受到往來對象及周遭環境的影響，出現劇烈的變動或起伏。

戀愛方面你較為被動，比起「愛人」更希望「被愛」。專情的你一旦遇到態度較強勢的人，往往無法拒絕對方的攻勢，這也是宿命帶來的影響。你想跟另一半膩在一起，向對方撒嬌，也愛一起穿情侶裝秀恩愛。喜歡小孩的你非常憧憬婚姻，渴望建立一個「理想家庭」，為了實現夢想，願意付出最大的努力。

★**前世之業》**受到前世記憶的影響，你很容易猶豫不決，無法馬上做決定。個性內向害羞的你偏偏又很害怕寂寞，雖然總是對人隱瞞真正的心情，可一旦覺得沒人了解自己，又會演起內心戲，彷彿自己是悲劇的主角。愛撒嬌的你對所有人都很和顏悅色，遇到麻煩時也容易依賴別人幫忙解決，或是將責任推卸給他人，藉此逃避現實。你必須覺悟「發生在自己身上的事，全都是自己的責任」，勇敢地承擔起責任。

★**你的前世、過去世》「古印加帝國的音樂家」**

過去幾世的你曾是音樂家、畫家、雕刻家及表演藝術家。前世你是古印加帝國的音樂家，你彈奏的美妙音樂及動人的歌聲，為許多人帶來了療癒與幸福。

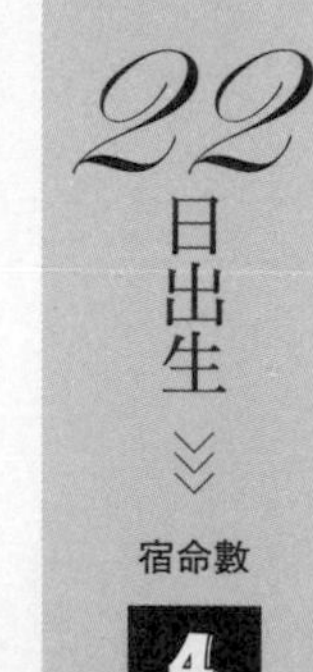

格局宏大，活耀於全球「具備領袖魅力的務實者」

★天生的宿命 》你給人的第一眼印象是外表乾淨整潔、個性爽朗的「好人」。禮數周到、認真誠摯的態度，讓人極有好感。不過，你的宿命可不僅止於此。你既有腳踏實地務實的一面，同時還胸懷大志，格局堪稱世界級規模。兼具務實與領袖魅力兩種截然不同的特質，這樣的雙重人格正是你天生的特質。

膽大心細、為人謙虛卻高高在上，行事謹慎卻勇於挑戰規模宏大的事業，在他人看來，你是個難以捉摸的人。由於不會刻意討好他人，也給自己樹立了不少敵人，這也是你的宿命。做任何事都不會侷限在小世界的你，是擁有不可思議魅力的領袖人物。你與外國的緣分頗深，與其留在國內，前往海外發展能讓你更充分發揮自身的實力，獲得更高的評價。

★從宿命看工作、財運、戀愛 》格局恢宏的你有能力完成大規模事業，與生俱來的明星特質與領袖魅力，讓你無論在國內或海外都能大展身手。財運方面更是超強，擁有極高的能力與龐大的能量，如果能將喜歡的事情當作事業來發展，很有可能白手起家賺進巨大的財富。

戀愛方面，你屬於想要掌握主導權的「國王、女王」類型。亟欲控制另一半的你會展現出「抖S」的一面，注定要歷經一波三折、轟轟烈烈的驚世之戀才能結婚。也很可能跟外國人結婚，旅居海外。夢想宏大的你，婚後絕不會乖乖待在家裡。

★前世之業≫你的本性是認真的好人，卻不會刻意去討好他人，因此眾人對你的評價非常兩極。一旦給人傲慢又高高在上的印象，甚至會成為被霸凌的對象。話說回來，好人往往無法有太大的成就，偶爾也要有被討厭的勇氣。高高在上的大膽發言雖然會引起他人的不快，只要你能夠說到做到，就沒什麼問題。最重要的是，一定要貫徹自己身為領袖的生存之道，千萬別限縮了自己的格局。

★你的前世、過去世≫「俄羅斯帝國的女皇」過去幾世的你曾是一國的國王、女王，以國家掌權者的身分君臨天下。前世的你是俄羅斯帝國的女皇，由於無法理解百姓的心聲，有不少蠻橫無道的言行，導致最後被趕下寶座。

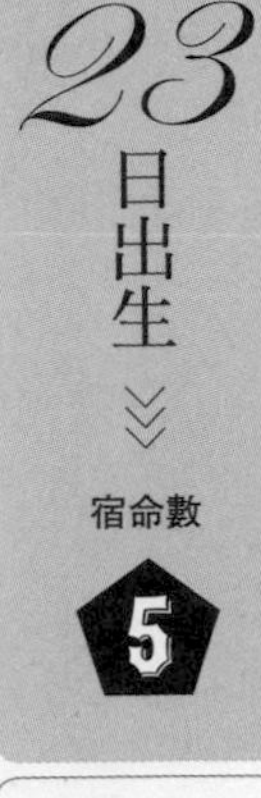

23日出生 宿命數 5

身段柔軟、隨機應變「平衡感絕佳的自由人」

★**天生的宿命** ≫ 你必須在人群中才能發揮自己的宿命，是猶如流水一般「柔韌、柔軟」的自由人。不受限於世間的常識或陋習，貫徹自由奔放的生活方式，擁有不可思議的魅力，即使任性而為也不會被旁人討厭。天生自帶一股吸引人的魅力，跟誰都能立刻打成一片，交遊相當廣闊。

自幼待人友善的你，非常擅長社交，擁有絕佳的溝通能力，懂得如何引導人說出心裡的話，也很善於傾聽。不管對方是誰，你都能馬上察覺現場的氣氛，根據當下狀況做出適當的應對，靈活的應變能力正是宿命對你的恩賜。你會配合不同對象巧妙展現出不同的人格，例如派對上的主人或女主人、酒水業或接待客人的服務業，都可以發揮你的才華。善於與人結緣的你，能悠遊於人群之間，拋出各種話題炒熱現場氣氛，堪稱天生的交際王。

★**從宿命看工作、財運、戀愛** ≫ 受到天生宿命的影響，你無論什麼工作都能靈巧地完成，迅速融入新職場。分辨流行的眼光極佳，品味也很好，有望成為引領新潮流的「幕後藏鏡人」。如果你是女性，還能提升合作對象的財運，非常「旺夫」。至於財運，是好是壞完全取決於你跟怎樣的人來往。

這樣的傾向在戀愛方面更為明顯，你會根據交往對象扮演完全不同類型的人。婚後也會因應各種場合，靈活切換角色來應對。不過，熱愛變身的你可能會瞞著家人，私下擁有另一張面孔，藉此抒發平日的壓力。

★前世之業》你很有可能成為折騰身邊人的麻煩製造者。因為耳根子軟，容易被親近的人影響，因此變得優柔寡斷、任性妄為。過於追求自由與變化，也會造成你情緒起伏過大、行事反覆無常。因為害怕寂寞，容易陷入情緒不穩的狀態，這都是前世之業的影響。明明是個猶豫不決的人，卻經常衝動購物，事後再懊悔不已。此外，不擅長整理房間這一點也是受到業的影響。

★你的前世、過去世》**「西班牙的佛朗明哥舞者」**

前世你是中世紀西班牙的佛朗明哥舞者。熱愛唱歌跳舞，無論戀愛或工作都相當自由奔放，今生的你之所以無法在同一個地方久留，就是受到前世記憶的影響。

以助人為己任的浪漫主義者「擅長協調的老師」

★天生的宿命》你是天生適合當老師的人物。個性溫柔耿直，關懷周遭所有人的你，一舉一動皆出自「有益於大眾」、「為眾人服務」的考量。你擅長觀察現場的氣氛，為人相當體貼。由於責任感強烈，無法拒絕他人的請託，為了看到大家開心的笑臉，自願一個人默默從事繁瑣的工作。之所以能這樣努力不懈為眾人服務，正是宿命帶來的影響。你的協調性極佳，很樂意在幕後協助眾人。平時個性溫和，卻非常討厭謊言、欺瞞、不公不義、違法或違規。

過度重視世間的「常識」，會讓你顯得頑固不知變通。在追求穩定的同時，也很在意細節，凡事力求完美，屬於一絲不苟的拚命三郎。其實你是胸懷理想的浪漫主義者，一心夢想著世界和平，愛做夢的浪漫情懷也是你的獨特魅力。

★從宿命看工作、財運、戀愛》與人接觸的工作最能發揮你的長才。你很會教人，懂得如何引導對方的才華，非常適合教師、講師、製作人之類的職業。以助人為樂的你，雖然無法賺到大錢，也不會有嚴重的經濟問題，財運相對平穩。

戀愛方面，天生愛照顧人的你容易喜歡上年紀比自己小的對象，是那種於每天噓寒問暖、悉心照顧對方的「某大姊」類型。對你而言，「戀愛＝結婚」、「性愛＝生小孩」，因此容易讓對方覺得有負擔。對婚姻有美好憧憬的你，非常嚮往「願得一心人，白頭不相離」的理想愛情。你非常重視家庭，是天生的「好媽媽、好爸爸」，一旦有了小孩會將重心放在孩子身上，可能因此疏於和另一半的性生活。

★前世之業》》外表雖然看不出來，其實你生性固執，擁有不容動搖的是非觀念，對自己的堅持絕不退讓。認真的個性與精神潔癖，讓你也會以同樣標準去要求他人。正義感強烈的你，眼裡容不得沙子，無法容忍絲毫不公不義，看到有人不守禮節、缺乏常識、違反規則或是不遵守規定，就會忍不住責備或批判對方，態度非常嚴厲，這樣的性格無疑是前世之業所致。

★你的前世、過去世》》「法國大革命時代的修道士」

過去幾世的你曾在規矩嚴格的學校、宿舍、修道院擔任教師或照顧者。前世你是法國大革命時代的修道士，為了守護貧困的人民而奉獻，心地非常善良。

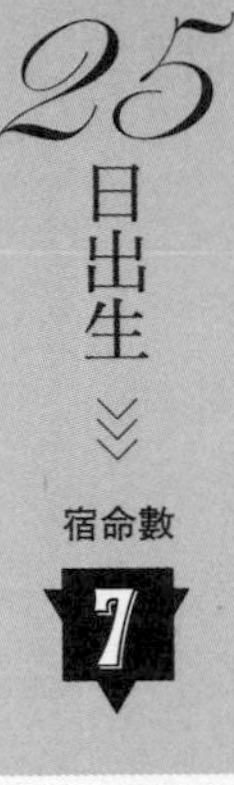

講究細節的創作者
心思細膩的「藝術家職人」

★**天生的宿命**≫雖然同屬「頑固職人」組，但你是那種講究細節，追求精緻美感的藝術家類型。你的宿命是藉由絕佳的品味和獨特的感性，創作能夠表現自身獨特世界觀的作品。作為一個追求完美的拚命三郎，你絕不允許半吊子的妥協，經常要求自己拿出最佳表現。個性沉著冷靜，比旁人更加倍努力學習，非常勤奮不懈，卻不願讓人看到自己這一面，因為這麼做有違你的美學。

你的頭腦聰明，擁有自己的明確風格。沒興趣與別人比較的你，重視的是自己能否完成自訂的目標，是自我要求嚴格的完美主義者。雖然喜歡自己一個人獨處，溝通能力卻很強，能夠判讀當下的氛圍並體貼他人，具備「柔韌」的一面。自小獨立的你看起來就像個早熟的小大人，其實內心相當敏感，有顆脆弱易碎的玻璃心。

★**從宿命看工作、財運、戀愛**≫簡單來說，你就是一個具備「職人性格」的藝術家。做事努力不懈，從不輕易妥協，追求完美的工作態度，最適合獨立作業的自由業。財運穩定，與生俱來的高度專業意識，讓你無法「只為了賺錢而工作」，只要你能拿出滿意的工作成果，財富自然會隨之而來。

由於天生自帶一股神祕感，別人看不懂你的地方反而成為你獨特的魅力，吸引不少異性的關注。你不常對人吐露自己的內心，只要有一個願意聽你吐苦水的對象，就不會覺得寂寞。婚後你依然需要自己一人獨處的時間與空間。

★**前世之業**》受到累世之業的影響，你容易出現雙重人格。外表看起來冷靜自持、相當獨立，其實內心既敏感又神經質。這樣的你容易受到周遭的人或環境影響，引發情緒上的不穩。老是一個人默默拚命的話，容易變成繭居族或引發躁鬱症，要多注意。別總是自己一人解決問題，偶爾向值得信賴的對象傾訴煩惱，或是找人商量對策，有助你維持身心的平衡。

★**你的前世、過去世**》**「中世紀歐洲的隱居女巫」**

過去幾世的你曾是畫家、雕刻家、音樂家、陶藝家、手工藝匠、藝術家。前世你是中世紀歐洲的隱居女巫，曾經行醫救治過不少人，卻在獵巫運動中不幸遭到殺害。

溫柔的有能之士
為朋友和家人著想的「善良鬥士」

★天生的宿命 ≫ 你的性格開朗溫暖，不僅能力好，為人也很善良溫柔，非常為朋友著想，是熱心腸的鬥士。不愛與人爭鬥，做任何事都全力以赴，屬於熱愛挑戰的鬥士。你的心胸開闊，不會拘泥於小事，是團體中的開心果。即使如此，面對大是大非仍有自己的原則，看到不公不義絕不會坐視不管，正義感超強。重情重義的你備受愛戴，有許多朋友及夥伴，相當受歡迎。

比起爭取自身的利益，為了深愛的家人或重要的夥伴打拚，更能激發你的幹勁和活力，勇敢面對困難的挑戰，發揮令人驚豔的強大力量。你對所有人都很和善，也非常照顧身邊的人，生性大方經常請客。由於宿命特質的影響，你喜歡和眾人一起打拚，身邊的人都很依賴你，所以總是四處奔走忙得團團轉，本人卻樂在其中，非常享受。

★從宿命看工作、財運、戀愛 ≫ 你注定這輩子都閒不下來。身為職場的人氣王，從事服務業這類與人直接接觸的工作，能充分發揮你的才華。財運不錯的你，賺錢能力也是一流，可惜不擅長存錢。只要有人打著「人情義理」的名目向你借錢，就無法拒絕對方，有時甚至連錢都討不回來。

愛談戀愛的你，很樂意為心愛的人付出，以致於有時做過了頭。你雖然比一般人重視家人，卻不會為了家庭放棄工作。如何兼顧家庭與事業，是你的宿命課題。當你忙著處理繁多的事務，無暇顧及家庭，結果就是影響到家人的生活。

★**前世之業** »八面玲瓏的你，對所有人都很和善，也很容易隨便答應別人的請託，最後無法遵守約定，給身邊的人帶來不少麻煩。出於好管閒事的天性，即使沒人向你求援，也會主動插手他人的爭執，胡亂攪和一通，把問題弄得更複雜。自帶強大能量的你，牽連旁人的力道更是超乎想像。原本只是一件小事，一旦你涉入其中，問題可能會像滾雪球般不停擴大，千萬要注意別讓自己成為眾人眼中的麻煩製造者。

★**你的前世、過去世** »**「蒙兀兒帝國的公主」**

過去幾世的你曾經營過學校、飯店或餐飲業等生意。前世你是中世紀印度地區蒙兀兒帝國的公主，為了促進國家的繁榮昌盛，與貧困的人民一起努力揮汗打拚。

私下默默努力
冷靜的「高雅模範生」

★天生的宿命》 你自幼就是個小大人，性格沉穩，遇事不會驚惶失措，也不會因為情緒化失去理智，這是你天生的宿命特質。行事低調的你，總是離眾人一步之遠，臉帶微笑靜靜看著大家開心的模樣，是文靜的「傳統女性」類型。為人規矩有禮，加之氣質高雅，每個人都能安心與你往來。生性聰明、知識淵博的你有先見之明，能從長遠角度擬定妥善的計畫，也能實際執行並推動計畫。你很樂意為眾人服務，由於生性低調不愛出風頭，喜歡在幕後支持大家，或是從事製作方面的工作。你有明確的主見和自我風格，精神相當獨立。個性雖然敏感，還具備超自然能力，卻不會迷失自我。總是冷靜地觀察周遭眾人的能力與狀況，客觀分析力和觀察能力格外優異。

★從宿命看工作、財運、戀愛》 你擁有豐富的知識、敏銳的觀察力及創造力，還具備了將想法付諸實踐的執行力，是能夠創造時代潮流的「幕後藏鏡人」及「名製作人」。財運相當穩健，卻不喜歡別人只用錢來評價自己。受到宿命的影響，你對志工這類貢獻社會的活動非常感興趣，希望可以同時兼顧NPO（非營利組織）的社會貢獻和商業價值。戀愛方面，你基本上屬於靜靜「等待」的類型。一旦遇到強勢的追求者，可能會因為無法拒絕對方的猛烈進攻，就此陷入外遇或三角關係。婚後會努力維持理想的夫妻關係，建立和諧的家庭。不過，旁人眼中「賢妻良母、居家好爸爸」的你，可能不會對家人吐露自己真正的心聲。

★前世之業 ≫ 熱愛學習的你，求知欲及好奇心都很旺盛，一旦發現感興趣的領域，就會埋頭鑽研無法自拔，這是宿命對你的影響。光從外表可能看不出來，其實你的自尊心極強、架子也頗大，最不能忍受被他人瞧不起。這樣的你卻會瞧不起初學的新手或學識淺顯之人，甚至無情地捨棄這些人，這也是業的影響。感受力強烈的你，一旦情緒失衡，就會覺得自己沒有價值或是產生罪惡感，就此遠離社會封閉在自己的世界裡，應該要多加注意才是。

★你的前世、過去世 ≫ 「幕府末期小鎮醫生的女兒」

你在過去幾世曾是具備巫師元素的宗教家、醫生、天文學家。前世你是日本幕府末期小鎮醫生的女兒，在背後默默支持維新運動的志士們。

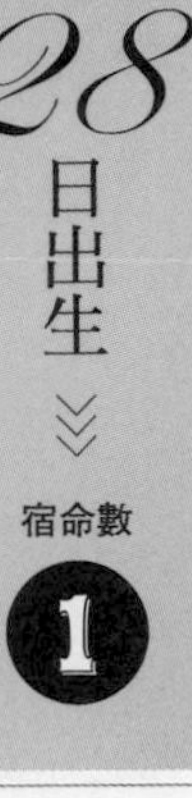

重情重義，愛照顧人
為同伴著想的「大方領袖」

★天生的宿命≫你是天生的領袖，卻不是那種愛出風頭的類型。比起在前頭率領眾人前進，更偏好跟團隊在現場一起揮汗打拚，是典型的「熱血隊長」。個性敦厚大方，凡事全力以赴，是熱血的拚命三郎。對你來說，跟夥伴一起朝著目標努力，共享勝利的果實，是這世上最開心的事。

你非常關心夥伴，總是忍不住出手幫人或開口替人說話，為人相當熱心腸。特別照顧那些主動前來依附你的人，手頭一有錢就會大方請客。只要有人開口向你求助，即使事情相當麻煩，你也無法狠心拒絕對方，少了一點領袖應有的殺伐決斷，這樣溫柔的性格也是你的宿命特質。雖然無法成為典型的強勢領袖，卻是重情重義、備受眾人愛戴的溫暖領袖。

★從宿命看工作、財運、戀愛≫職場中的你最能看出「熱血隊長」的特質。你能團結眾人，與團隊一起為了達成目標而努力，並做出成績。從你的宿命來看，比起一個人單打獨鬥，與眾人一起工作更能提升你的財運。有你在的團隊可以賺進大錢，只要資產分配得當，這輩子都不會為了錢而煩惱。

戀愛方面，你一旦談戀愛就會變成另一個人，在喜歡的對象面前顯得特別乖巧，主導權都握在對方手上。早點結婚生子建立家庭，有助於維持你人生的穩定。你在家裡是猶如太陽般開朗的存在，夢想是把家庭打造成最棒的團隊。

★**前世之業**≫喜歡照顧人的天生特質，反過來說的話，就是好管閒事，同時也會藉由他人來肯定自我。這樣的你容易打著「為你好」的名號，試圖用施恩來支配或控制對方，這正是累世之業帶來的影響。與生俱來的「團隊愛」一旦過了頭，就會演變成只顧著交朋友，工作上卻不思長進的「因私廢公」。在關照他人，發揮你的領導力之前，一定要先確保自己有能力獨立生存。

★**你的前世、過去世**≫**「照顧大家庭的鄉村媽媽」**

團隊的隊長、黑道老大、學生宿舍的老闆娘、孤兒院院長，過去幾世的你從事的都是照顧人的工作。前世你是一手撐起整個大家庭的「當家老媽」，深受全家人依賴。

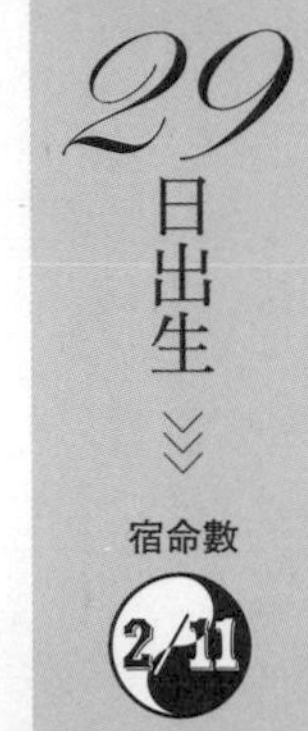

29日出生 ≫

宿命數 2/11

為人低調，充滿神祕感　關鍵時刻「可靠的幕僚」

★天生的宿命 ≫天生自帶神祕感的你，擁有一股獨特的魅力，有望成為領袖人物。個性溫和不喜鬥爭，天生具備俯瞰大局的廣闊視野與智慧，行事相當深謀遠慮。為人雖然低調，卻有種吸引人的神祕魅力。能幹的你備受周圍的人們倚賴，大家都會主動找你傾訴煩惱，求你幫忙調解紛爭或協助仲介牽線，這應該是宿命帶來的影響。

你雖然不會主動發表意見，腦筋轉得快的你其實很有主見。由於生性早熟，個性比同齡的人還要成熟。屬於幕僚類型的你，同時還具備了統整團隊的實力與人望，經常被人推舉為領袖，負責整合團隊、協調眾人。你的宿命極為獨特，難以用邏輯或道理來解釋。平時雖然不太表達意見，偶爾的發言卻總是一針見血、切中核心，讓身邊的人對你刮目相看。

★從宿命看工作、財運、戀愛 ≫你擁有極高的知識與技能，待人處事身段柔軟，在大型組織裡是備受重用的全方位選手。事業運和財運大多取決於與你一起工作的夥伴。

財運平平的你，對賺錢一事不感興趣，生活樸實不隨意浪費。輔佐自己重視的人幫助對方成功，也有助你提升自己的財運。

從宿命來看，你會對戀人盡心盡力、犧牲奉獻，盡可能地討喜歡的人開心，只為看到對方的笑容，是談戀愛的好對象。婚後也很清楚家人希望自己在家庭中扮演的角色，會努力達到另一半的期待，非常顧家。

★前世之業》出於天生的個性，你會盡可能回應雙親及周遭對你的期待，甚至不惜壓抑自我，只為扮演眾人眼中的「好人」，導致自己精疲力竭。當旁人對你的期待和真正的你落差太大，會使你陷入雙重人格。過度勉強自己扮演「好人」的話，有時反而會刺激你的反抗心，故意瞄準對方最在意的弱點或要害惡言相向，深深刺傷對方，務必要注意這一點。

★你的前世、過去世》**「沙漠中的街頭占卜師」**

過去幾世的你是專門服務掌權者的巫師、女祭司、魔法師、女巫、占卜師，負責向對方提供建言。前世你是街頭的占卜師，因為預言非常準確而聲名大噪，一輩子都在幫人占卜未來。

個性率真、勇於挑戰
藏不住祕密「自由奔放的孩子」

★天生的宿命≫由於「0」強化了「3」的孩子氣特質，你既開朗又充滿朝氣，是「永遠的少年少女」，無論幾歲都不會失去天生的赤子之心。好奇心強烈，對未知事物的興趣是一般人的兩倍。個性大膽無畏，能在關鍵時刻發揮驚人的爆發力及專注力。與生俱來的衝鋒精神讓你無懼失敗，積極進行各種挑戰。你的直覺相當敏銳，能立刻看穿事情的本質，在你面前撒謊一點也不管用。

個性直率的你表裡如一，愛惡作劇的玩心與幽默感，使你成為團隊裡最受歡迎的開心果。所有情緒和喜怒哀樂都寫在臉上、表現在態度上，根本藏不住祕密。但由於你本人並沒有惡意，即使無法保守祕密也不會被討厭，個性非常吃香。做事只有三分鐘熱度，凡事易熱也易冷，好惡相當分明。生性爽快，不會沉溺於過去，即使遭遇失敗也能很快轉換心情，迅速振作起來。擅長社交的你，跟誰都能馬上打成一片，任何時候都能悠然自得，充滿活力。

★**從宿命看工作、財運、戀愛**≫你是可以靠喜歡的事賺錢的幸運兒。對你而言，玩樂與工作沒有明確的界線，越是樂在工作越能做出成果。你的財運極佳，把喜愛的事當作工作，極有可能瞬間爆紅，獲得巨大財富。在戀愛方面，你其實相當晚熟。雖然有許多要好的異性朋友，卻很難發展成戀愛關係。總是等著「白馬王子」某天突然出現的你，其實有顆浪漫的少女心。婚後無論家事、育兒、教養孩子，都能發揮自己的玩心，將平凡的家庭生活化為有趣的「遊戲」，盡情地樂在其中。

★**前世之業**≫你的個性非常任性，本人卻對此毫無自覺。受到天生性格的影響，喜怒哀樂全都寫在臉上，做事只有三分鐘熱度，心浮氣躁缺乏耐性。事情只要不如己意就大動肝火，對周遭的人鬧彆扭。一遇到困難，就撒些破綻百出的謊，找藉口逃避問題，或是將責任推卸到他人身上，甚至溜之大吉。這樣的壞習慣是你必須克服的宿命課題，請正視這樣的問題，並找出改善的方法。

★**你的前世、過去世**≫**「古馬雅帝國的發明家、街頭藝人」**
過去幾世的你曾是江湖藝人、舞者、演員、音樂家、藝術家。前世你是古馬雅帝國的發明家，同時也是街頭藝人，總是以嶄新的點子和幽默感，為大眾帶來驚喜。

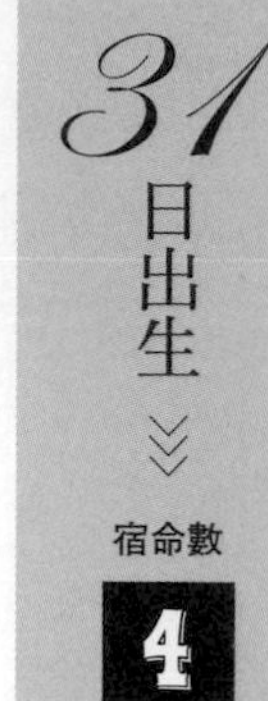

待人和善、好感度極高「經常笑容滿面的務實者」

★天生的宿命 ≫ 個性耿直的你做事一絲不苟，對所有人一視同仁，非常和善。溫和細心的待人態度，使你大受好評，是眾人眼中的好人。責任感強烈，辦事又能幹，非常值得信賴。可當你靦腆一笑，笑容卻宛如孩童般純真可愛，這樣的反差正是你的個人特色。受到宿命的影響，你的個性直率，一點也不懂得懷疑他人，凡事直來直往，簡直能用「憨直」二字來形容。好奇心強烈的你，非常熱衷於考取證照，簡直是個「證照狂」。天生的正義感讓你無法容忍一丁點的錯誤，看到有人犯錯就忍不住想糾正對方。你待人和善、禮儀周到，為人認真誠懇，對雙親、師長及主管等長輩說的話更是深信不疑，即使對方在開玩笑也聽不出來。因為宿命特質的影響，你會認真遵守自己跟別人訂下的約定或規則，無論發生什麼都不會反悔。

★從宿命看工作、財運、戀愛 ≫ 你天生適合「防禦型」工作。為人雖然務實，卻不是不通人情的死腦筋。重視人情義理的你，很擅長照顧人，能在組織中得到重用，順利出人頭地。擅長金錢管理，財運起伏較少，能夠穩扎穩打地累積財富。你會根據收入管理家庭的收支，建立一套安穩的生活模式。

戀愛方面，生性單純又專情的你，在喜歡的異性面前會忍不住害羞，無法向對方表明自己真正的心意。一旦結婚，無疑會成為「最理想的伴侶」。不過，婚後你很有可能不再將另一半當作異性看待。

★**前世之業** ≫ 你傾向用「是非」、「對錯」的二分法來判斷所有事物，並用自己的標準來評判對方，這是前世之業帶來的壞影響。生性保守的你容易對第一次見到或未知的事物心生抗拒，導致眼界變得過於狹隘。看到有人不遵守約定或違反規則、法律，就會不分青紅皂白立刻斷定對方有罪，相當頑固。而且，你經常以自己的主觀來認定或判斷對錯，將自己的規則強押在他人身上，逼迫對方接受你那一套，一定要注意這樣的壞習慣。

★**你的前世、過去世** ≫ **「俄羅斯政府的祕密警察」**

過去幾世的你曾是勤勉的農夫、政府官員、建造城堡等巨大建築的工匠。前世你是中世紀俄羅斯的祕密警察，負責嚴格取締不遵守國家規定的人。

即使是「剖腹產」，「出生日」的決定權仍握在孩子手上？！

我們是憑藉著自己的意志，決定來到這世上的「出生日」。這是來到人世的我們握有選擇權的部分。就算媽媽有多希望早點生下來，只要孩子還沒準備好，就不會誕生到這世上。由此可知，我們對「出生日」有多麼強烈的執著，應該也有許多人拿來作為自己的幸運數字。

那麼，如果是「剖腹產」出生，又該如何看呢？或許有人認為剖腹的日子是配合醫生的方便所選擇的日期，但事實並非如此。傳聞「剖腹產」（日文中稱為「帝王切開術」）原本是為了迎接「帝王」（國王、皇帝）降生的生產方法。有一說是「帝王」本就有注定的出生日期，為了在「那一天」讓孩子出生，才會使用「剖腹產」這種分娩方式。

也就是說，以「剖腹產」出生的孩子，其實是依循潛意識選擇了自己的「出生日」，因為無論如何都想在「那一天」出生，才會選擇以「剖腹產」來到這世上。也就是說，孩子不惜付出任何代價也要選在「這一天」出生。請你從這樣的觀點，重新審視生日對自己的意義。

第 2 章

代表你的今生、
潛藏才華及本質的
「命運數」

何謂「命運數」？

在「葉月生命靈數」中，「命運數」代表當事人今生的人生核心，是掌握其命運的關鍵數字。將西元出生年月日的每一個數字相加，反覆相加直至得出一位數「1～9」九個數字，再加上「11、22、33」這三個由相同數字構成的二位數「卓越數」（大師數），「命運數」一共可以分為十二種。

「命運數」立基於「宿命數」，代表的是我們自人生的中場（約28歲以後）開始展現的「第二人格」。能否充分發揮自己的「命運數」，將大幅左右你的命運。「命運數」是本就蘊藏於我們內部的才華，可惜旁人不易發覺，而懂得活用自身這部分才華的人也有限。因此，是否能夠善用「命運數」的正面特質或才華，還是只能展現負面的特質，正是決定一個人命運的分水嶺。

透過本書了解自己的「命運數」，充分活用自身的特質、才華，有助你活出真正的自我，乘著命運的大浪順勢邁向幸福人生。

[命運數的計算方法]

將你的西元出生年月日的每個數字按照以下方法相加。如果答案是**11**、**22**、**33**，即為你的「命運數」。這三個數字以外的其他答案，則必須繼續相加至一位數。

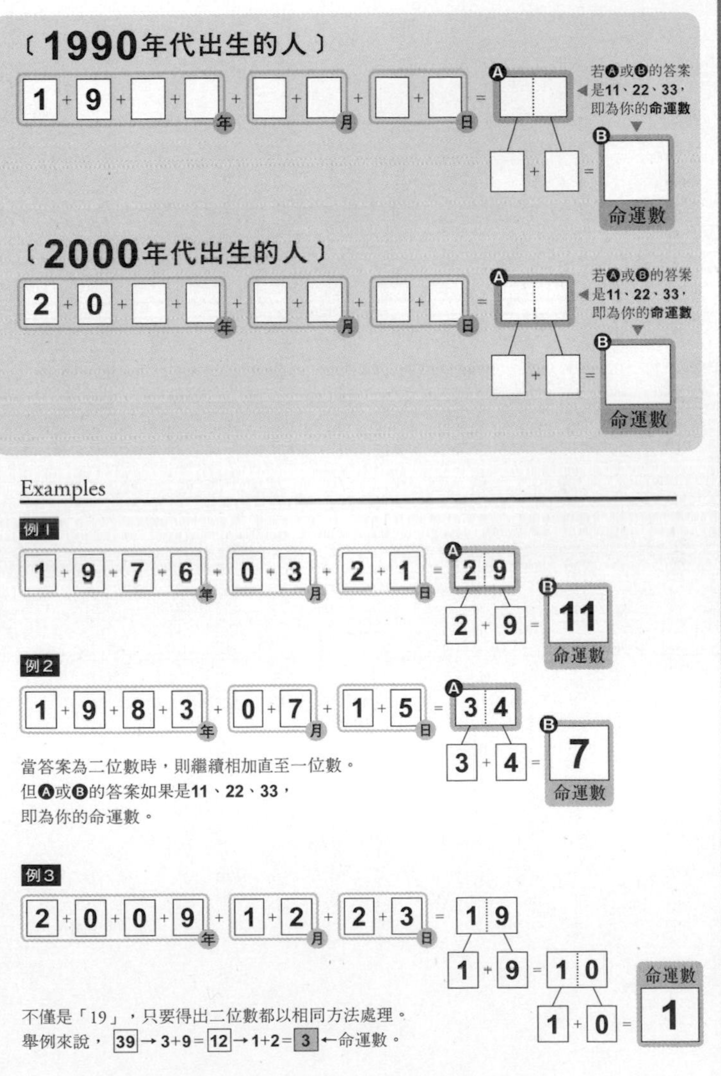

命運數 1

具備開拓未來的強大力量！開朗活潑的「領袖」

★**基本特質**》你是天生的第一名！不管身在何處，你都是眾人的焦點，是猶如太陽般耀眼的存在，在任何領域都能成為箇中的佼佼者、指導者或領袖型人物，潛力無窮。生性開朗活潑的你，無論什麼情況都能樂觀以對，活力充沛。擁有堅定的信念，不會輕易動搖，同時兼具幹勁、熱情、勇氣、決斷力、執行力，以及吸引眾人的魅力和領袖特質。不僅有強烈的責任感，指導能力也相當優異，能夠發揮領導能力，帶頭引領組織或團隊朝目標邁進。

你既努力又專注，同時也很上進，企圖心強。這樣的你不是靜待時機的人，而是朝著明確的目標勇往直前，主動進攻的類型。「敢於抉擇」正是你最強的武器與特質。能靠一己之力開拓新道路的你，擁有抓住大好機會的超級強運。

★**注意事項**》你無時無刻都想成為第一名，不達目的絕不罷休。生性不服輸又愛逞強，無法坦率地認輸或承認自己的錯誤，最討厭被別人命令。由於自信和自尊心很強，經常擺出高傲蠻橫的態度。高高在上的言行容易引起他人反感，給自己招來不少敵人。急性子的你總想馬上看到結果，一刻也等不得。由於缺乏耐心好好傾聽他人說話，總是以自己的偏見曲解對方，這樣自以為是的態度，導致你經常被旁人孤立。控制欲強的你，在家庭或職場等小團體會試圖操控周遭的人，成為眾人眼中「剛愎自用的國王」、「惹人厭的女王」。女性若是否定自己的領袖特質，反而會喪失自信變得消極被動。在今後的時代，領袖的任務不光是在隊伍前方引領眾人往目標邁進，身居幕後發掘周遭眾人的才華並加以引導，也是身為領袖的重要工作。

★**個性** ≫你凡事都想分個是非黑白，「對錯」、「好惡」極為分明，容不得一絲模糊地帶。一旦鎖定目標，就會發揮驚人的行動力與專注力。為人爽快，表裡如一，只要下定決心去做一件事，無論面臨怎樣的困境都會努力達成目標，意志堅強正是你的特質。正義感強烈，也很有人情味，總是像大哥、大姊般照顧眾人。生性直率，對人從不設防，既單純又天真。你不擅長說謊，心裡的想法全都表現在態度或臉上。不過，待人赤誠的你也很容易得意忘形，尤其無法抗拒他人對你的阿諛奉承，因此經常被騙。你最大的缺點是個性急躁、心思單純，為人頑固不知變通，做事也相當魯莽。自尊心一旦受創就會非常情緒化，甚至突然暴怒，這一點務必要注意。

★**工作**》你基本上喜歡工作，尤其熱愛能從數字明確看到成果的工作。無論從事任何職業，都有潛力成為頂尖人物。除了與生俱來的優異指導能力和決斷力，你還有強大的精神和意志力，即使遭遇困難也不屈不撓，會努力去克服，可望在大型組織嶄露頭角、平步青雲。一旦眼前出現競爭對手，反而更能激發你的鬥志。你屬於那種「越誇越進步」的類型，當尊敬的上司或職場導師表現出對你的期望，並對你的表現給予公正的評價，你在工作上的才華就會大放異彩。當你從被使喚的立場一轉成為居於人上、領導他人的立場，實力就能得到更大的發揮。先從較小的領域開始挑戰，努力成為第一名吧！

★**適合職業**》你有經營方面的才華，也有獨立創業的強烈野心，非常適合成為經營者、公司老闆或自營業者。愛出風頭的你喜歡名牌給自己帶來的優越感，上進心和獨立創業的企圖心也很強，如果要就業，比起中小企業，你更適合在大企業上班。除了獨立創業，你也適合當政治家、官員、大企業主管、製作人或導演，還擁有媒體相關、發明研發、業務營銷方面的才華。開餐飲店當老闆，或是成為時尚設計師、美容美髮師、建築師也不錯。天生喜歡引人注目的你非常享受眾人的吹捧，也很適合從事藝人、職業運動選手、講師、教師等職業。

★**財運**》你擁有無窮潛力，能靠自身的才華、創意、實力，白手起家創造巨大財富。與生俱來的強大能量，就像磁鐵一樣，能為你吸來源源不絕的財富與名聲。具體的明確目標（想賺到的金額、達成夢想的期限）有助提升你的動力，加速你實現願望的速度。由於容易受到周圍的影響，如果身邊有可以作為榜樣的成功人士，在對方的影響下，你的財運也能有所提升。

不過，由於你一被奉承就容易失去判斷能力，務必要小心旁人提出的賺錢機會、作保要求、一起做投機生意或賭博的邀請。你很會賺錢，但賺得多花得也多。情緒一旦不穩定，生活也容易跟著脫序，容易沉迷於酒精、賭博、購物，有大肆揮霍的傾向。

★**戀愛**》你從年輕時就有種引人注目的強大氣場，自帶明星氣質與超高人氣，容易受到眾人矚目，非常討人喜歡。不同於華麗外表給人的印象，你在感情方面相當專一，不會陷入三角戀或隨便跟人搞曖昧，喜歡上一個人就會展開攻勢全力追求。你追求的是能夠攜手共度人生的伴侶，因此一生中不會談太多段感情。一旦遭遇離婚或失戀，必須花好長時間才能走出情傷重新振作。自尊心極高的你會要求伴侶對自己絕對忠誠，無法容忍對方的變心或背叛，甚至可能在盛怒之下毀掉一切。

★**SEX** ≫男性在性愛方面非常直接，屬於直接進攻那一型。你不會刻意營造氣氛或將時間花在前戲上，而是選擇最短路徑直奔本壘。性生活如果總是一成不變，可能會讓伴侶覺得你只顧著自己開心。女性對這方面較不感興趣，一旦覺得性愛是服從或取悅男人的事情，可能會就此討厭性愛，過著無性生活，或是刻意扮演強勢的女人，讓男人對自己避而遠之。不過，對方若是年紀比自己小的男生，在女方掌握主導權的狀況下，反而會點燃你對這方面的熱情，積極指導對方性愛的技巧。不論是哪一種情況，性愛都不是男女之間的競爭，請務必銘記於心。

★**婚姻、家庭生活** ≫簡單來說，你是那種典型的「一家之主」或「老婆當家」。即使在婚姻關係或家庭中也不願認輸，非常重視上下尊卑，不願讓別人掌握主導權。對親近的家人、孩子及另一半也會用命令的語氣說話，擺出高傲蠻橫的態度，務必要注意這一點。

如果可以遇到理解你的個性，願意在一旁默默支持你的人，應該能和對方成為相伴一生、關係密切的理想伴侶。男性在婚後仍會以事業或個人興趣為重，對家庭較不重視。同樣的，女性也無法乖乖地守在家裡，一旦工作就會將家庭拋在腦後，專心打拚事業。

★**健康**≫你天生具備強大的生命能量，活力非常充沛。體力基本不錯，可以三百六十五天全年無休工作，就連小感冒或小傷也能自行痊癒。你的肌肉和骨骼都很強健，不論男女都是偏結實的體型。不過，為了耍帥過度逞強的話，有可能遭逢預料之外的危險，發生意外或受傷。你是那種容易暴怒，導致大腦瞬間充血的類型，缺乏耐性又暴躁易怒，往往會造成腦部、心臟或心血管系統的負擔，要多注意這方面的問題。

★**興趣**≫你不喜歡用跟別人一樣的東西，喜歡獨一無二或限定款，特別是大而醒目、花俏的東西。男性喜歡車子、機車、船舶之類的大型交通工具。女性喜歡引人注目的華麗打扮、珠寶或大型飾品。這個命運數的人大多喜歡養寵物，因為可以發揮自己的領導力，尤其偏好乖巧聽話的狗兒。

熱衷於運動、電玩、賭博這類關乎輸贏、排名，成績一目了然的興趣。由於熱愛強大的事物，會支持優秀的強者、強隊，或是成為其贊助人。這樣的你，自己也很有老闆的派頭。

★**外表、給人的印象**≫你天生的華麗氣場與一雙大眼令人印象深刻，讓人老遠就能一眼看見你。光從臉部線條就能看出你強大的意志力，你的下巴較寬、臉型方正，給人一種做事俐落的感覺。男性的骨架健壯，體型比一般人魁梧，是典型的運動員體型。女性也是活躍於運動社團那一型，身材曲線凹凸有致，魅力十足。看起來比實際的身高還高，強大的氣場正是你的個人特色。嗓門大，笑聲也很有特色。比起休閒的打扮，你更適合套裝或禮服之類的正裝打扮，多穿紅色、橘色這類明亮有活力的色系，有助提升你的運氣。

★**相處方式**》跟「命運數1」打好關係的方法非常簡單，就是不斷地「誇獎他、吹捧他」。即使是赤裸裸的吹捧或誇張的客套話，對他也管用。無論如何，千萬別在人前指正他的缺點或是追究他的小過失，絕對不能損害他的面子和自尊心。

這樣的人基本上非常重視人情義理，只要放低身段向他謙虛求教，他就會非常照顧你，對你疼愛有加。對方的年紀若是比你小，那你必須認真地看待他的表現，並且多在人前慰勞他、感謝他、誇獎他。從外表也許看不出來，「命運數1」其實是相當注重禮數的老派人士，諸如：謹守上下尊卑的分際、日常的問候與招呼、受到照顧務必親自道謝、收到禮物一定要回禮……在他面前千萬不能忘記或疏忽這些人際往來的禮儀與細節。

★從命運數看契合度

○良好…「2」「3」「6」

你跟性格溫和、擅於照顧人的類型相當合得來，因為他們能夠彌補你「大爺」、「女王」的個性缺點。你喜歡順從自己的人，由於一被誇獎就會表現得更好，只要對方願意放低身段吹捧你，心情大好的你就能發揮超出平時水準的實力。

×需要努力…「1」「8」「22」

跟同是「1」的人在一起，會刺激彼此的競爭意識，雙方一直在爭奪主導權。你和野心勃勃的「8」也會在各種場合發生意見的分歧或衝突。此外，你的常識和力量在「11、22、33」這些「卓越數」身上行不通，跟他們在一起會讓你覺得非常焦慮。

的名人

福澤諭吉、黑澤明、矢澤永吉、明石家秋刀魚、渡邊謙、唐澤壽明、近藤真彥、貴婦松子、前澤友作、堂本光一、小泉進次郎、石川遼、拿破崙、卓別林、戈巴契夫、湯姆・漢克、老虎・伍茲、上沼惠美子、大竹忍、小泉今日子、飯島直子、谷亮子、濱口京子、濱崎步、上戶彩、井本絢子、松浦亞彌、安藤美姬、菜菜緒、高畑充希、Lady GAGA、李寶美

命運數

為人低調謙虛、樂於助人 心地善良的「幕僚」

★**基本特質**≫這個命運數的人不論男女，都具備強烈的女性特質。心地善良，善於體察他人的心情，母性本能非常強烈。待人親切穩重的你，能夠緩和現場的氣氛，有效協調眾人並維持團隊的平衡。知性與謙虛兼具，待人彬彬有禮，舉止高雅，觀察入微，加之細心體貼，跟任何對象都能完美配合，超高的協調能力正是你的特質。為人溫和真誠，備受眾人愛戴，無論在人生或工作，你都想要找到志同道合的夥伴，從旁輔佐支持對方，是典型的幕後英雄。你不喜鬥爭，跟所有人都能打好關係，是團隊中「人見人愛的角色」。

一九五〇年後出生的「命運數2」極為罕見，這是因為統計上兼具此命運數特質的「命運數11」人數增加了。在現代社會中，「命運數2」堪稱珍貴的稀有動物。

★**注意事項**≫不管再小的事，你都會從好壞兩方面來進行分析，因此總是猶豫不決，遲遲無法做出決定。你很容易被他人的意見左右，也常看人的臉色行事，因為不愛對人表達自己的感想或意見，所以會變得優柔寡斷。在生活中的各種狀況，你都無法自己做決定，總是希望別人替你決定重要的事情，導致你過度依賴他人。心思細膩的你很容易受傷，有較強的受害者情結，經常糾結於往事無法自拔，性格較為悲觀。有時甚至會緊閉心扉不願與人溝通，造成旁人的困擾。往來的對象會大幅左右你的運勢發展，因此一定要慎選結婚對象和朋友。

★**個性**≫你的個性溫和穩重，愛好和平不喜鬥爭。待人體貼且極富同情心，性格平和寬厚，對所有人都一視同仁。因為親切又樂於服務眾人，只要有你在，眾人就會覺得安心。生性浪漫的你不愛出風頭，卻總是細心地關懷他人，非常會照顧人。由於樂於服務他人，身邊的人都很信賴你。這種特質在女性身上尤其明顯，不管什麼事你都會全力配合對方。

但另一方面，你特別神經質又愛操心，性格純真、感受力強的天生特質，容易導致你的情緒不穩定，變得較為悲觀。再加上你經常被他人的意見左右，往往會陷入受害者情結。一旦想得太多，累積過多壓力，將引發精神方面的失衡而生病，這一點要多注意。

★**工作** ≫你很適合輔佐的工作，與生俱來的溫柔體貼和穩重性格，可以接觸許多人、貢獻他人的工作，特別能夠發揮你的特長。即使是男性，也適合從事化妝品、貼身衣物、珠寶、美容這類以女性顧客為主的工作。雖然不擅長在社會上跟人競爭，卻是商場上優秀的參謀，諸如公司老闆可靠的左右手、大總管之類的工作，最能發揮你的才華。比起自己一人單打獨鬥，與夥伴一起打拚，負責輔佐對方，更能讓你大放異彩。此外，因為天生具備細膩豐富的感性，你也有藝術、音樂方面的創作才華，或是成為療癒他人的治療師或諮商師。

★**適合職業** ≫你適合從事需要女性特有感性與奉獻精神的職業，例如醫療或社福相關的工作。例如：護理師、幼教老師、照服員、藥劑師、祕書、美容美髮師、寵物美容師、心理諮商師，這類女性憧憬的職業最適合你。在競爭激烈的男性社會裡，則適合擔任輔佐領袖的參謀。經紀人、製作人、導演等幕後英雄也不錯。你的創造力豐富，美感及品味也不錯，對藝術的興趣也可以發展為工作，像是花藝、寶石、飾品、繪畫及美術品。此外，也能從事外交官、會計師、代書、律師之類的「防禦型」工作。待在一般企業的話，擔任後勤支援、財務或行政事務、研發、電腦工程，像這類負責支援前線的工作也很適合你。

★**財運** ≫你不是那種靠一己之力賺進大把鈔票的類型，而是會根據自己的收入和有限的生活費，有計畫地用錢。比起金錢，你更追求心靈方面的富足，不會隨便浪費，生活相當樸實。你的財運穩健，會為了實現目標腳踏實地存錢，還有望不勞而獲，得到遺產或不動產之類的大筆財富。神奇的是，你明明對金錢沒什麼欲望，卻總是不愁沒錢花。

不過，需要留心的是，你不擅長拒絕他人的請託，可能會被人倒債吃大虧。由於財運容易被周遭的人影響，必須慎選平時往來的對象。

★**戀愛** ≫感情方面，你屬於被動等待對方行動的「良家婦女」類型，不會主動向喜歡的人告白。由於你對每個人都一視同仁、溫柔以待，對方可能會誤將你的溫柔當成好感而展開追求，所以你一點也不缺戀愛對象。不過，萬一遇到態度強勢的人，可能會因為無法拒絕對方，就此與不喜歡的人陷入藕斷絲連、糾纏不清的戀愛關係。尤其女性特別喜歡被另一半引導，還會配合對方的喜好扮演不同的角色，無論是貞靜的淑女或性感的尤物皆能自在演繹，戲路非常寬廣。「命運數2」的人無論男女都喜歡年紀比自己大的對象。男性是溫柔的浪漫主義者，女性則會配合對方的喜好，是異性最喜歡的類型。

★SEX》你會配合對方的喜好扮演各種角色，是擅長製造氣氛的浪漫主義者。從性愛前的談情說愛，到房間氛圍的營造、服裝打扮，所有細節都會列入考量，經常以對方的心情為優先，一心奉獻只為了讓對方開心。但是，個性純真的你內心也很容易受傷，可能會因為對方不經意的言行導致性無能，或是身體出現抗拒反應。

因為你基本處於被動狀態，所以往往無法拒絕對方的要求，這麼一來，性愛非但不是享受，反而成了一種不得已的忍耐。這樣的問題若是不斷加劇，甚至可能演變為家暴問題，必須注意才是。

★婚姻、家庭生活》你是最適合家庭生活的類型。找到一個好對象結婚，不僅有助於你的人生安定，在社會上也能發揮自己的實力。雖說不是非得結婚才能得到幸福，對你而言，婚姻的確是足以左右人生的重要大事。男性雖然受歡迎，優柔寡斷的個性可能會造成你遲遲無法下定決心走進婚姻，有能力引導你的年長女性或許是較為理想的對象。婚後即使家中大權掌握在妻子手上，你也會是重視家庭的好丈夫。女性的理想對象則是能帶領你前進的年長強勢男性。不論男女，找到好的結婚對象，有了孩子以後，都能妥善安排家中事務盡心輔佐另一半，建立理想的家庭。

★**健康**≫你容易受到旁人和周遭環境影響，心理健康將直接影響到生理健康。生性神經質又敏感，一旦累積太多壓力，可能會罹患腸胃等消化系統的疾病，必須留意。此外，由於你的協調性與平衡感極佳，對掌管平衡感的大腦、耳朵及眼睛等精密部位的失調尤其敏感，可能會導致你頭痛或倦怠。還要注意壓力引發的暴食、厭食及肥胖。「凡事無須過度在意」是最適合你的良藥，一定要找到讓自己抒發壓力的方法。

★**興趣**≫你的美感與品味優異，具備敏銳的感性，也有創造的才華，非常適合藝術方面的興趣。你有細膩且講究的一面，對於要求心靈手巧的雕刻、繪畫、玻璃藝術、編織或拼布等工藝應該會感興趣。寫作或樂器演奏也很適合你。當天生的幕僚資質特別突出時，幫助需要協助的人或支援他人將成為你的興趣。當這個興趣昇華到另一個層次，你也許會成為年輕藝術家的贊助者，發掘他們的才華，在物質和精神方面給予支持，並因此名聲大噪。

★**外表、印象**≫身材嬌小、娃娃臉的人偏多，臉蛋小巧、四肢纖細是「命運數2」的特徵。外表清純，給人一種沉穩、溫柔的感覺。由於在人群中並不起眼，給人的第一印象也許較為薄弱。品味雖好，卻不喜歡太花俏的打扮。你偏好基本款設計，但用料較好或量身訂製的服裝，風格偏向保守、不追求流行。顏色也多選擇黑、白、灰等低調的顏色，不愛引人注目。飾品方面，建議選擇珍珠、水晶之類設計簡單大方的真品。不論男女，中年後都有壓力肥胖的傾向，要多注意這個問題。

★**相處方式**》對於性格優柔寡斷，容易依賴他人的「命運數2」而言，能帶領他不斷前進的領袖，肯定是值得依靠的人。跟這類型的人相處，就算態度多少有些強硬，說話還是果斷明確一點比較好。把決定大事的重責大任全權交給他一人，可能會害得他無法承受過重的責任和壓力，導致精神崩潰，務必要留意。對他來說，能幫上別人的忙是一件開心的事，即使是小事，也別忘了表達你對他的感謝。由於這個命運數的人內心較為脆弱，也很在意旁人的眼光，絕對不能在眾人面前責備他。如果有事想要建議或提醒他，請務必慎選你的用詞，而且只在兩人獨處時才說。

★**從命運數看契合度**

○**良好**…「1」「4」「6」

由於你經常關注團隊整體的平衡，跟同樣懂得顧慮當下氣氛，相處起來無須耗費太多心力的人在一起，會比較輕鬆愉快。此外，和個性猶豫不決的你相反，能夠發揮強大的領導能力，積極帶領你往前進的可靠型領袖，與你也很合得來。

✖需要努力…「7」「9」

你不擅長和隱藏真心的人來往，由於無法跟這些人推心置腹地溝通，會讓你覺得非常心累。此外，在能夠深入解讀對方想法的成熟大人類型面前，你會覺得自己的想法似乎全都被他們看穿，因此心生畏縮，感覺相當不自在。

的名人

勝海舟、藤子不二雄、倉本聰、篠山紀信、大和田獏、眞田廣之、佐藤浩市、上島龍兵、黑田亞瑟、和田現子、由美薰、箕輪遙（搞笑雙人組「針千本」成員）
（※「命運數2」的名人在統計上人數很少，「命運數2」在現代堪稱稀有動物。）

命運數 3

不管到了幾歲都充滿好奇心 天真無邪的「孩子」

★**基本特質** 》簡單來說，「命運數3」的人不會老，是「永遠的少年、少女」，個性開朗直率、天真爛漫。你不管幾歲都不會失去純真的赤子之心，是給團隊帶來歡笑的超級人氣王，更是深諳取悅大眾之道的大娛樂家。喜愛新穎的事物，好奇心旺盛，想像力和創造力都很豐富，學習能力強，也有超強的專注力。你天生具備敏銳的直覺，也相當靈巧，看到歡樂、有趣的事情，就會毫不猶豫積極挑戰。

你和所有人都能馬上打成一片，是團隊中的開心果，交遊廣闊，社交能力強，加之行動敏捷，兼具執行力與行動力，還擅長自我表現，也很愛出風頭。樂天主義的你不會憂心將來的事，很懂得活在當下。

★**注意事項** 》你不管活到幾歲都是孩子。做事只有三分鐘熱度，一刻也靜不下來，經常任性而為。由於不喜歡忍耐，做事缺乏計畫，往往只顧著當下開心，這樣的想法導致你一有錢就馬上花個精光。你不太禁得起打擊，又愛給自己找藉口，還經常撒些破綻百出的謊。凡事都是走一步算一步，一遇到障礙就逃避現實，只想選擇輕鬆安逸的路。這樣的你不擅長自己一人孜孜不倦完成某件事，或是腳踏實地專注在一件事上。一點小事就能讓你暴怒、鬧彆扭。內心所有情緒都寫在臉上的你，事情發展只要不如預期就會推卸責任，遷怒旁人。此外，你很容易得意忘形，也不太能夠抵抗誘惑，務必要注意。

★**個性**》性格開朗、善於交際，跟誰都能馬上拉近距離的你，個性直率表裡如一，是人見人愛的團寵。對未知的世界充滿好奇心，求知欲旺盛，任何事都想嘗試看看，個性相當積極。你充滿幽默感，不會被任何制式的框架束縛，非常有自己的個性，能透過搞笑、音樂、舞蹈及運動，給周遭的人帶來歡笑與活力，是大家的開心果。即使遭遇挫折，你也能很快振作起來，憑著與生俱來的創造力與行動力渡過難關，擁有超強的運氣。

由於討厭認輸，爭強好勝的強勢性格有時會讓你顯得既任性又頑固。當你孩子氣的那一面朝負面發展時，就會恃寵而驕，將失敗的責任推給別人，表現出不負責任的態度。此外，你很容易沉迷於酒精、性愛、賭博、遊戲之類的安逸享受，一定要留心這個問題。

★工作》》你在任何時候都能保持積極樂觀的心態。即使失敗，眾人也不會怪罪你。個性吃香的你，是組織或團隊裡不可或缺的開心果，在職場備受上司疼愛，屬於能夠平步青雲的菁英分子。因為你天生不服輸又容易得意忘形，一被人稍加吹捧就會飛上天，眼前只要有明確的目標或獎勵，就能激發你的鬥志，有助你做出成果。

你是那種可以「靠興趣賺錢」的人，工作對你而言也是遊戲的一種，就像晉級打怪的電玩遊戲。你能以獨特的點子、天馬行空的創意及玩心，在全球掀起讓世人驚豔的風潮。不論從事何種工作，只要不忘加入歡笑和娛樂的要素，用樂在其中的態度去做，自然能吸引諸多貴人前來幫你，可望做出超乎想像的成果。

★適合職業》》你擁有獨特的個性與藝術才華，適合走演藝界、音樂、戲劇、電影、舞台劇、搞笑、運動等娛樂相關的自由業。如果要當上班族，可以選擇廣告、出版、影像、銷售等業界，或是玩具、遊戲之類的兒童相關產業，也適合宣傳、商品企劃或業務這類工作。另外，像是電子遊樂場的工作人員，或是寵物美容師這類與動物有關的工作也不錯。你不適合單調的作業或需要細膩專注力的工作，虎頭蛇尾的做事態度可能會給自己招來大麻煩。由於興趣廣泛，好奇心也很強，可能會經常換工作。靈巧的你擁有身兼數職的能力，從事副業往往也能有不錯的發展。

★**財運**》整體而言，你的財運相當不錯。尤其擁有靠自己的點子和感性賺錢的超級強運，也很容易獲得意外財富，例如：從事副業大獲成功、發明成為熱賣商品、幸運抽中大獎。喜歡新鮮事物的你，也非常適合從事資訊科技業。不過，你雖然能想出源源不絕的賺錢點子，卻不擅長將靈感轉化為具體的事物，如果能找到值得信賴的合作夥伴，就可以加速你的成功。

另外，你還要留心浪費的習慣。不擅長存錢的你，如果經常毫無計畫地衝動購物，花起錢來大手大腳。把錢交給值得信賴的第三者替你管理，應該會比較保險。

★**戀愛**》你跟任何人都能馬上打成一片，朋友雖多，但發展大多是「友情以上、戀愛未滿」。你對自己的感情相當誠實，也有大膽的行動力，可能會上演令旁人大吃一驚的戲劇化戀情。由於天生具備看清對方本質的本能，倘若為了利益得失或無聊的虛榮心欺騙自我，很可能會因此吃足苦頭。

好惡分明的你，談戀愛的經驗並不多。你對每一段戀情都很認真，既專情又純情。失戀雖然會讓你非常痛苦，但每一段戀情都能讓你的精神層面有所成長。當初和戀愛對象若曾有過深入的交流，即使分手也能和對方保持友好的關係，這也是你在戀愛方面的特徵。

★**SEX**》你對性愛充滿好奇，卻也對這件事感到恐懼，比一般人還要晚熟。你喜歡小孩，雖然想有孩子，卻遲遲無法突破最後一道防線。比起性行為，你更重視牽手、擁抱這類的肌膚相親和肢體接觸。

男性會將性愛當作遊戲，好奇心旺盛的你，會想要嘗試各種玩法。女性的話，外表雖然看不出來，其實在這方面較為晚熟，但你會認真回應對方的要求。不過，你對自己的身體較缺乏自信，也許會在意自己幼童般的體型對異性來說不夠有魅力。

★**婚姻、家庭生活**》婚後你會與另一半建立朋友般輕鬆的關係，打造一個充滿歡笑、感情融洽的家庭。不過，無論男女個性都不服輸，這會讓你在吵架後無法拉下臉與伴侶和好，因此破壞兩人的關係。別為了不重要的小事跟另一半鬧脾氣，不妨準備一頓美食主動求和，盡早結束「孩子氣的吵架」吧！

一般人在結婚生子後會變得比之前成熟穩重，但「命運數3」的人不會。因為喜歡小孩，你會跟孩子建立「朋友般的親子關係」，卻可能強迫另一半接受自己的做法，成為「孩子氣的任性丈夫」或「很會照顧人，但個性不成熟的妻子」。與家人在一起的安心感，讓你放心展現自己孩子氣的本性，卻也容易恃寵而驕或是過度依賴對方，務必要注意這個問題。

★**健康**》身體健康的你很少生病，身材雖然不胖，卻對體型感到自卑。好奇心強烈的你樂於嘗試各種新事物，總是活力充沛地跑來跑去，這正是你維持健康長壽的祕訣。由於生性好動，你經常受些小傷或出些小意外，突發狀況總是不斷。你不會被小事影響，也不會糾結於已發生的事，臉上經常掛著笑容，常保正面心態就是你最好的保健方法。聲帶、喉嚨和肺是你最該注意保養的重點。獨特的聲音是你的個人魅力，平時應該好好維護聲帶，千萬別疏忽喉嚨的保養。

★**興趣**》只要是「玩樂」你都喜歡，發現有趣的事一定先試了再說。這樣的你可能會沉迷於蒐藏之類的興趣，甚至在興趣上投入旁人難以想像的大筆金錢。你喜歡車子之類的交通工具，也愛觀賞音樂會、戲劇、舞蹈、運動比賽，興致往往比在場的其他人還高昂。假日時你會盡量外出，屬於喜歡露營或戶外烤肉的戶外派。你有搞笑方面的天分，偶爾露個一手，會讓眾人驚艷不已。

★**外表、印象**》「命運數3」的人外表大多很有個性，在人群中也是相當顯眼的存在。因為有張娃娃臉，看起來比實際年齡小，眼睛是你最大的魅力，和藹可親的笑容與獨特的笑聲，也讓人對你印象深刻。你對流行非常敏銳，有自己獨特的時尚品味。

你的品味不會因年齡而改變，熱愛花俏的原色、明顯的品牌商標，或是搶眼的動漫角色，讓人一眼就能看出你的個人喜好。你很重視營造自己與眾不同的特色，女性特別講究髮型或飾品，男性則會在領帶或眼鏡之類的配件花心思，尤其喜歡奇特的設計、特別的顏色或形狀。

★**相處方式**》跟「命運數3」相處的方法極為簡單，不論對方幾歲，總之把他當作孩子看待就對了。如果要提醒他，內容一定要具體且明確，千萬別冀望他會察覺自己的問題。偶爾還必須明白地告誡他：「不行就是不行！」即使被旁人這樣大聲斥責，當事人的反應其實意外地平靜。由於他聽不懂隱晦的暗示，你必須開誠布公與他直接溝通才行。

跟這樣的人相處時，最好帶點搞笑或玩心，才有助於拉近彼此的距離。他其實非常好懂，只要拋出獎賞就會立刻上鉤。「命運數3」對贈品或伴手禮特別沒抵抗力，送他帶點玩心的時尚小物或美味的甜點當伴手禮或禮物尤其有效。只要多誇獎讓他開心，他就能發揮超出平時水準的實力。

★從命運數看契合度

○良好…「1」「8」

跟任何人都能成為朋友的你，與那些無論工作或玩樂都很起勁，能和你一起炒熱氣氛，個性活潑又熱情的人特別合拍。此外，領袖型的人會非常疼愛你這樣的團隊開心果。倘若對方是擅長照顧他人、經常大方請客的人，那你們肯定很合得來。

✕需要努力…「5」「9」

如果對方是重視自由、不愛被拘束的「命運數5」，你們可能會因為彼此的任性發生衝突。此外，面對隨時觀察整體氛圍、試圖居中協調眾人，個性成熟穩重的「命運數9」，你又會覺得對方一直在監視自己，因為覺得拘束而討厭對方。

命運數3的名人

石原裕次郎、王貞治、宮崎駿、安東尼豬木、鄉廣美、松山千春、柳葉敏郎、葉加瀨太郎、竹野內豐、新庄剛志、有吉弘行、星野源、成龍、陳美齡、名取裕子、久本雅美、天海祐希、中山美穗、宮澤理惠、MISIA、蛯原友里、仲間由紀惠、宮里藍、蒼井優、西野加奈

命運數 4

為人認真誠懇、腳踏實地
做事一絲不苟的「**務實者**」

★**基本特質** 》「4」是四四方方的方正數字。你的個性一絲不苟，做事勤奮，既認真又務實，是責任感與執行力兼具的實務派。為人誠摯溫厚，值得信賴，可以放心將事情交託給你。你會選擇合理的生存之道，保守忠誠的思想最適合待在組織裡。你愛好能明確看到成果的建設性工作，事情照著計畫順利進行就會覺得開心。務實的你會遵守規則，乖乖完成每天的例行工作。即使小事也絕不馬虎，能夠持之以恆，既是你最大的特徵，也是你的才華。做事腳踏實地，不依賴他人，能一步步累積努力的成果，在不知不覺間達成自己當初訂下的目標，堪稱出色的才華。

★**注意事項** 》個性固執、剛正不阿的你，待人處事往往不知變通。你很重視常識和常理，「是非善惡」的判斷標準也很嚴苛。對方的價值觀若與你不同，很可能就此不再往來。但一直侷限在自己的框架，可能會限縮你的思維與生活方式。由於天生個性頑固，行動謹慎，你經常要花上很長時間才會真正採取行動，無法靈活應對不在計畫中的突發狀況或臨時變更，就此陷入混亂。你不擅長倚賴他人，所有事情都自己一個人扛著，因此容易過勞。你非常討厭改變現狀，也不願意妥協，一意孤行的態度會導致你變得故步自封，務必要注意這一點。其實你的執行力和持續力非常高，根本無須如此害怕變化。

★**個性**≫你的人品正直又誠摯，是按部就班，不屈不撓，努力做事的人，旁人對你也極度信賴。由於凡事先經過深思熟慮再謹慎行動，這樣的你雖然不起眼，做事速度也不快，卻擁有務實且傑出的處理能力。個性追求穩定，行事保守，不太擅長交際，也有怕生、神經質的一面。平時情緒穩定，性格沉穩，很少有事會讓冷靜的你脫序爆發，總是淡然以對。你無法容忍謊言或欺瞞，正直到幾乎有些「憨直」的地步，對自己跟他人的要求都很高，極重視規則和規定，會嚴格遵守與他人的約定，堅守自己認定的是非對錯和常識。人際關係方面，你會花很多時間與特定的人往來，朋友雖然不多，卻能擁有值得結交一生的友人，與對方孕育堅定的友情。

★**工作**≫你既勤勉又努力，無論從事任何工作都能確實完成，累積成果。具備職人氣質的你，喜歡能夠留下有形成果的工作。一絲不苟的行事風格，再加上超高的專注力及耐性，是需要耐心作業及細節檢查的工作絕對不可缺少的重要人才。要求分析能力、邏輯思考、細膩作業等能力，在幕後支援組織的工作最適合你。只要讓你待在安定的組織裡，和固定的成員一起工作，備好讓你照著自身步調工作的環境，你就能充分發揮實力。持續做好每一件小事，最後一定能創造巨大的成就。

★**適合職業**》你具備了邏輯思維，個性認真一絲不苟，務實慎重的個性非常適合擔任學者、研究者、技術人員、教師及公務員。在大組織裡工作的話，會計、財務、總務、人事之類的後援部門最能讓你發揮實力。除了逐步累積財富的能力之外，也有金融相關、財務、會計這類工作的天分。勤勉又努力的你，也適合從事記帳士、代書、設計師等職稱裡有「士」或「師」，需要專業證照的工作，而且你本人也很喜歡考證照。其他像是自衛官、警察、消防員、保鑣之類注重紀律、「守護」規則的工作也很適合你。此外，你具有腳踏實地逐步擴大組織的能力，從事網路相關事業也有望收穫成功。

★**財運**》「命運數4」的務實特質最容易展現在你對金錢的態度上。生性勤儉的你對錢的使用很嚴格，會擬定累積財產的計畫，一點也不浪費。但是，為了將風險壓到最低，你在用錢方面容易顯得有些吝嗇。你不會衝動購物，即使有想要的東西，也會努力找到自己能夠認同的價格與品質，經過再三的調查和評估才買。你認為「錢應該是揮灑汗水努力工作賺來的」，因此不會從事投機或賭博。雖說無法賺到大錢，卻能靠自身的實力一步步累積財富。

無論男女，打從年輕起就有明確的人生藍圖，為了達成目標，你會擬定長期且穩固的金錢計畫，並努力加以實踐。

★戀愛 » 認真誠實的個性，造就了你獨有的「正確」愛情觀及婚姻觀。你和「一見鍾情」、「一夜情」、「外遇」無緣，甚至覺得這些行為違反道德，深感厭惡。你無法將戀愛與結婚分開思考，在戀愛方面相當現實，非常重視對方的條件，婚友社、聯誼或相親應該非常很適合你。男性對異性溫柔體貼，相當親切，但必須花較長時間才能發展成戀愛關係。女性對愛情的態度更為慎重，由於過度在意結婚，反而忘了享受戀愛的甜蜜。在交往時，你天生的認真個性可能會帶來負面影響，例如過度在意對方不經意的一句話，或是將對方開的玩笑當真，經常為了一點小事懷疑對方的愛情忠貞度，導致自己總是患得患失，無法保持冷靜。

★**SEX**》「命運數4」不論男女都很晚熟，而且對性愛似乎有較強偏見，認為「性愛的目的就是生小孩」，無法接受「單純享受性愛」的觀念，對方對性愛若表現得太積極主動，甚至會覺得厭惡或恐懼。男性既不會外遇也不會涉足風化場所，對性愛這件事的態度過於正經，容易一成不變。女性則大多視性愛為義務，能不做就不會主動去做。不管男女都容易演變為無性生活，必須注意這一點。

★**婚姻、家庭生活**》這個命運數的人認為「戀愛＝結婚」，不少人都是相親結婚。因為個性認真又有潔癖，絕對無法容忍對方一丁點的背叛或外遇，眼裡容不下一粒沙子，容易發生新婚不久就「閃電離婚」的事態，必須注意。男性婚後會成為重視家庭的溫柔丈夫，也會積極幫忙做家事，是典型的「居家好男人」。女性則會成為擅長處理家務的賢慧主婦，善於管理家庭的收支，也很照顧公婆和孩子，是典型的「賢妻良母」。無論男女都是無懈可擊的結婚對象，但由於個性正經缺乏幽默感，生活容易一成不變。能不能靈活應對家人的需求，將成為你的家庭生活是否圓滿的關鍵。

★**健康**》擅長忍耐、追求完美的個性可能會帶來負面影響，使你累積不少壓力。從不輕易訴苦的你，不擅長轉換心情，工作和家事太拚命的話，容易對身心造成極大負擔，甚至弄壞健康。你的身體非常僵硬，容易下意識咬緊牙關，也常打呼或磨牙，需要定期保養牙齒。此外，也要注意便秘、神經性胃炎、過敏等疾病。「4」在身體上是象徵四肢的數字，手腳靈活正是你的特徵，但同時也要小心手腳的毛病或受傷。

★**興趣**》你不是那種什麼都想嘗試的類型，會長期從事一門喜歡的興趣。基本上你沒什麼特別的興趣，存錢可能是你最大的樂趣。比起運動這類活動身體的嗜好，你更喜歡將棋、圍棋這類需要動腦的室內遊戲。對你而言，興趣並非用來放鬆的遊戲或玩樂，你更看重的是實用性。女性會選擇料理、手工藝、裁縫、編織、拼布，男性則會選擇電腦、假日木工、家庭菜園、園藝，在親手完成作品的過程中得到滿足與喜悅。

★**外表、印象**》你整體給人一種清爽的印象，骨架算是結實那一型。五官小巧精緻，但高挺的鼻梁可以看出你強大的意志。長手長腳也是你的特徵之一。你在人群中不會太醒目，服裝也偏樸素，對時尚或穿搭沒有太大興趣，顏色或花樣也常選擇保守的經典款式。你不喜歡「太有個性」，會避開顯眼的設計，選擇休閒風、不易出錯的裝扮。其實穿著打扮只需有一個亮點即可，可以選一項代表你個人風格的配件（例如眼鏡、墨鏡、帽子），養成穿戴那個配件的習慣，就能為你的低調帶來一抹亮色。

★**相處方式**≫「命運數4」注重常識追求平穩，只要依循一般常識與他相處，就能做到普通的人際往來。由於他做事既務實又努力，對其努力給予正面的肯定非常重要。此外，對他而言，沒有比看到自己擬定的計畫順利進行更開心、更能鼓舞他的事，只要針對這一點給予肯定和好評，就能提升他的幹勁與動力。即使只是一些小事，如果你能注意到這些小小的成果，並向他表達你的認同、誇獎、慰勞，就能讓對方感到相當開心。

不過，由於這群人不擅長表達自己的喜悅，最好不要過度期待他會有太大的反應。此外，有口無心的恭維在他身上行不通，吹捧也沒用。想要得到他的信任，花時間耐心跟他培養感情，才是最快的捷徑。

★**從命運數看契合度**

○**良好**…「2」「4」「9」

個性認真溫厚的你能夠配合任何人，不會給自己樹敵，但如果想跟你達到推心置腹的交情，必須花上好長一段時間與你相處。因此，懂得尊重對方的個性，以團隊整體的和諧為優先，願意靜心等待，為人溫厚乖巧的類型，跟你比較合得來。

✕需要努力…「5」「8」「33」

基本上，你不擅長跟野心太大，喜歡追求變化和刺激，一刻也靜不下來的類型相處，也不喜歡被人催促著回答問題。面對那些跟你的基本常識相差太多的「怪咖」，你往往不知該如何跟這些人相處，可能會乾脆放棄溝通。

的名人

桂文枝、塔摩利、北野武、桑田佳祐、山中伸彌、松岡修造、安住紳一郎、堂本剛、松坂大輔、齋藤工、藤原龍也、小栗旬、阿諾·史瓦辛格、比爾·蓋茲、松下由樹、森高千里、石田光、松雪泰子、米倉涼子、內田有紀、井川遙、觀月亞里沙、松隆子、Becky、田中美奈實、渡邊直美、白石麻衣

命運數

好奇心旺盛、熱愛冒險行動迅速的「自由人」

★**基本特質》》**經常追求自由與變化的你，總是隨心所欲地跑來跑去，敏捷的行動力正是你最大的特徵。你喜愛新鮮事物，充滿好奇心，熱愛冒險，也喜歡旅行。待人和善，又不怕生，跟任何人都能馬上打成一片，環境適應力超強。再加上腦袋超級靈活，無論什麼事都能迅速完成。

對潮流相當敏感的你，一吸收新知就會馬上轉達給周遭的人，溝通能力極高。你的思維靈活，不會受限於框架，學習能力也很強，凡事都能快速上手，非常多才多藝。擅長社交，交遊廣闊，無論男女都喜歡你，是眾人眼中的超級人氣王。扮演溝通者的角色，將聚集到你身邊的人們串連起來，正是你的天賦。

★**注意事項》》**你最痛恨被人束縛，對自己的過錯總是輕輕放下，而且還缺乏耐性，經常錯將任性當作自由，變得任性妄為、自我中心。精神方面容易失衡，變得情緒不穩，感情起伏過於激烈的話，可能會出現陰晴不定的躁鬱傾向。一旦面臨嚴峻的考驗，往往會逃避責任，沉溺於安逸的享樂。凡事只有三分鐘熱度，無法忍受每天做同樣事情的單調生活。總是急於找出答案，將導致你缺乏耐性，過度追求刺激，不僅會將自己逼進不幸的境況，還會給身邊的人帶來極大的困擾。請記住，這世界不是只繞著你一個人轉，記得多為旁人著想，並向對方表達你的感謝。

★**個性**≫你的個性難以捉摸，無法被常理框限，會根據往來的對象表現出不同性格。與生俱來的神祕魅力讓你受到眾人喜愛，人氣極高。表現欲強的你，喜歡受到眾人矚目。行事雖然反覆無常、好惡分明，卻從不記恨，能迅速轉換心情，性格非常爽朗。重視自由，討厭被束縛，這樣的你在旁人眼中也許顯得有些任性，卻一點也不討人厭，相當吃香。擁有絕佳的行動力與決斷力，一有任何想法就會立刻執行，敏捷的行動力正是你最引以為傲的優點。由於容易對眼前的事物感到厭倦、覺得無趣，你總是四處尋求新的刺激。靈活的應對能力讓你跟任何人都能立刻成為朋友，走到哪都很吃得開。

★**工作**≫解讀流行的感性、不受限制的靈活創意、獨特的點子，你具備了讓事業成功的所有必備條件，能創造出前無古人的先進工作。只要不選錯職業，應該可以收穫巨大的成功。你的環境適應力絕佳，好奇心旺盛，兼之多才多藝，比起從頭到尾只做一行，多換幾次工作，或同時斜槓好幾份工作，可以加倍發揮你的才華。相較於重視年資或派系的組織，你更適合不計較學歷、經歷和年齡，能夠正確評價個人的能力與成果，推崇「實力至上」的企業或業種。無論如何，你都不適合重複的單調作業，或是待在同一個環境一直做同樣事情的工作。

★**適合職業** 》你可以活用愛好旅行的特質，從事領隊等旅遊相關的工作或觀光業。天生自帶高人氣的你也適合歌手、藝人、音樂家、YouTuber這類演藝相關工作。你能在瞬間掌握事情的全貌並預測將來的發展，需要瞬間判斷力的政治家、股票操盤手、記者、廣告媒體等職業也很適合你。在人潮聚集的場所發揮應變能力的餐飲店經營、銷售業、酒水業、酒店公關也不錯。或是自己創造尚未問世的全新工作，例如當下最先進的資訊科技業。不管身處哪一個領域，你都能夠發揮卓越的營銷長才，做出頂尖的成績。

★**財運** 》當你獨創的點子恰好符合時代潮流，很可能就此一夜致富。你有賺大錢的超強財運，卻不擅長守住錢財。雖然有賺錢的能力，但金錢觀較為鬆散，容易一擲千金肆意揮霍。想靠著賭一把決勝負的天生賭徒性格，導致你容易聽信他人的投資明牌而虧錢。不是成為大富翁就是一貧如洗，財運的起伏相當極端。

不過，即使陷入經濟方面的危機，你還是能憑藉著「船到橋頭自然直」的樂觀心態度過難關，堪稱「超級強運兒」。對你而言，這種當天賺當天花光的生活既刺激又輕鬆，但如此不安定的生活不僅會讓身邊的人覺得不安，就連你應該也會擔心晚年的生活吧。

★**戀愛** ≫交遊廣闊的你擁有超高人氣，在人群中非常醒目，從來不缺戀愛對象。總是追求變化的你，屬於想要擁有許多戀愛經驗的典型「多情種」。你追求戲劇化的戀愛，可能會有一見鍾情、旅途中的一夜情、出軌、外遇、劈腿，像這樣世俗難容的戀愛脫序經驗。當你遊走於危險戀情或是遭到周圍的反對，眼前的障礙反而會點燃你的熊熊鬥志。

你的個性開朗活潑，話題豐富又擅長說話，絕佳的時尚品味再加上性愛方面的熱情，簡直是理想的戀愛對象。不過，心猿意馬又容易厭倦的你，一旦失去對戀人的新鮮感，可能會立即將注意力轉移到其他對象身上，要注意這一點。尤其年輕時的你很容易「為了談戀愛而戀愛」，因此患上戀愛成癮症。

★**SEX** ≫無論男女，在性愛這方面都很熱情，也相當樂在其中。你的性觀念開放，百無禁忌，只要對方同意，怎麼玩都ＯＫ。由於容易沉溺於性愛，一旦玩嗨可能會煞不住車，務必要當心。男性的話，早熟的你性愛技巧很不錯。從撩妹的甜言蜜語到性愛氛圍的營造都很厲害，床上的表現也是滿分，肯定能讓對方非常享受。女性一旦上了床，也屬於熱情燃燒那一型，會將性愛當成一種遊戲，透過各種體位積極享受箇中的樂趣。

★**婚姻、家庭生活** ≫「命運數5」無論男女都渴望自由，最討厭被人束縛。婚後也很難只忠於一個對象，可能會重複結婚、離婚多次。由於當事人對劈腿、外遇沒有一絲一毫的罪惡感，最好不要急著下結論，雙方坐下來好好談一談吧。最理想的狀態是夫妻兩人都能保持年輕的心態，像剛交往不久的情侶那般甜甜蜜蜜地過日子。男性的話，比起家庭，更容易沉浸在工作或興趣，但結婚紀念日或生日之類的紀念日絕不會忘記準備禮物，會是個體貼溫柔的丈夫。女性婚後也不會乖乖待在家裡，而是積極地參與工作、才藝學習、旅行、社團活動，忙得不亦樂乎，除了自己特別喜歡的家務之外，其他家事可能會混水摸魚。

★健康》比起肉體，你更需要注意的是精神方面的健康。性格純真的你容易受傷，情緒起伏也很激烈，有躁鬱傾向。一旦陷入沮喪就會試圖逃避現實，可能會突然跑去流浪、搞失蹤、關在家裡不出門，甚至依賴酒精導致成癮。精神方面受到壓迫的話，甚至會因為一時衝動而自殘。

「5」是與五體、五感有關的數字，所以你要多注意掌管訊號傳遞的神經系統疾病。眼睛、耳朵和嘴巴這些感覺器官正是你的個人特徵，但是損傷也大多集中在這些部位。

★興趣》你的興趣很多，每一項都能達到專家或高手等級。音樂、運動、文學、藝術，興趣非常廣泛，學什麼都能上手。環境變化能給你帶來最大的刺激，所以你熱愛旅行。其他像是可以為生活帶來變化的搬家、變更房間擺設、改裝，可能也會成為你的興趣。你喜歡飛機、汽車、機車這類充滿速度感的交通工具，可以瞬間定勝負的攝影，或是繪畫也不錯。此外，你也喜歡能夠馬上分出結果的賽馬、小鋼珠等博弈活動，賭運也很不錯。

★外表、印象》你的外表看起來比實際年齡還年輕，男性是瀟灑的花花公子類型，女性則是外表艷麗，給人華麗印象的女王型美人，對髮型特別講究。中等體型，長相極具特色，尤其眼睛、耳朵、嘴巴等部位，讓人一眼就能留下深刻的印象。你對流行相當敏銳，時尚品味非凡。

你會根據時間、地點與場合，活用自身的獨特個性，從正式到休閒，甚至是獨樹一格的奇特打扮都能駕馭，穿出時尚風格。由於熱愛變化，經常改變妝容或髮型，擅長運用眼鏡或墨鏡等配件改變個人的氛圍，也是你的特徵之一。

★**相處方式**≫跟腦袋靈活、話題豐富的「命運數5」相處，重點在於如何應對他的超快節奏。由於他熱愛接二連三挑戰新事物，老是追著他的步調，讓自己的情緒隨之起伏，只會感到心累。跟凡事以變化為前提的人相處，最好的方針就是不要隨著他起舞，冷靜保持自己的步調即可。如果是獲取新知、擴展人脈、跑業務這類對方擅長的領域，你無須逐一確認，徹底放手讓他自由發揮，反而更容易做出成果。與此同時，你必須接手他不擅長的領域，例如：將抽象點子具體化的作業，或是調查、分析、管理等業務，明確劃分彼此負責的業務範圍，引導對方發揮自身的長才，你跟他就能建立雙贏的關係。

★從命運數看契合度

〇良好：「2」「3」「5」

要跟上情緒起伏劇烈，行事反覆無常的「運命數5」，實在是件非常辛苦的事，恐怕只有自願配合所有人的「2」，或是能夠一起享受變化、速度與歡樂氛圍的孩子王「3」，還有同為「5」的人才能做到。

✕需要努力：「4」「7」「9」

自由奔放的「5」與重視邏輯與和常識的「4」，還有隨時觀察團隊氣氛、以和為貴的「9」容易發生意見的分歧或對立。此外，對於重視個人世界的職人「7」來說，跟一刻也靜不下來的「5」待在一起，可能會讓他們覺得相當痛苦。

命運數5的名人

長嶋茂雄、石坂浩二、小田和正、役所廣司、孫正義、三谷幸喜、國分太一、森山直太朗、松本潤、落合陽一、錦織圭、亞伯拉罕·林肯、梵谷、史蒂芬·史匹柏、中村玉緒、秋野暢子、吉田美和、中森明菜、齊藤由貴、杉本彩、青木沙耶加、篠原涼子、後藤久美子、柴崎幸、宇多田光、近藤麻理惠、綾瀨遙

命運數 6

親切而深情的博愛主義者 散播溫暖的「老師」

★**基本特質**》「6」是象徵「孕婦」的母性數字，你對所有人一視同仁，是親切又樂於自我奉獻的博愛主義者。你的淚腺發達，非常有人情味。喜歡美麗的事物，熱愛藝術與音樂，想像力和表現力也很豐富。責任感強，追求公平競爭，無法容忍不公不義，強烈的正義感讓你無法對惡事坐視不管。個性溫和善於照顧人，非常重視家人，既深情又顧家。你擅長教人，喜歡與人分享，也愛照顧人，熱衷志工活動，樂於奉獻付出，追求身心的平衡，目標是和諧的人生。為人慈愛的你對所有人都很溫柔，因此備受身邊的人景仰。

★**注意事項**》你最大的缺點是無法區分「親切」與「雞婆」的分寸。有時出於好意做的事，可能會成為他人眼中雞婆的「強迫推銷」。八面玲瓏的你容易誤把親近的人視為自己的私有物，試圖掌控或支配對方。由於無法拒絕別人的請託，身上攬了太多事，導致無法一一顧及，反而變得不負責任。

身為一個老好人，你不擅長跟人談錢的事，也許不適合賺大錢，也可能礙於情面被騙。明明是你自願照顧人，如果沒得到對方的感謝又會生悶氣，這樣根本是本末倒置。而且，過度的付出有時反而會讓對方覺得太沉重，務必要留心。你很黏身邊的人，容易過度依賴對方。請記住，強迫別人接受你的價值觀，試圖照自己的意思操控對方，這樣的「關懷」並非真正的愛情。

★**個性**》你的個性溫柔沉穩又乖巧，非常重視關係的平衡。為人體貼，極富同情心，容易感動，重感情更勝理智，往往無法拒絕他人的請託，非常可靠。重情重義的你，看到欺負弱小或需要幫忙的人，絕不會坐視不管，願意奉獻自己照顧對方。生性耿直的你永遠記得別人對你的親切與恩情，總想著終有一天要報答對方。平時你總是笑容滿面，為人溫和謙厚，不喜爭鬥，經常以家人和夥伴的幸福為優先，相當重情重義。

另一方面，由於正義感太過強烈，一旦發現有人不遵守約定、說謊、背叛或是行事不公不義，就會忍不住朝對方大發怒火。

★**工作**》你對所有人都很溫柔親切，非常樂於服務眾人。待人體貼又善於教人，適合服務業、待客業、學校或補習班等教育相關行業，以及醫療或社福工作。不管在哪個職場，你天生的溫暖氣質都能緩和現場的氣氛。具備奉獻精神的你，願意主動承擔人們不想做的事情，責任感強，做事也能有始有終，因此深受眾人信賴。對你而言，錢只是其次，絕不會為了賺錢就犧牲顧客的權益。如果自己的工作不能讓眼前的人感到開心，就無法獲得成就感，也不能發揮自身的才華。由於無法坐視組織裡的不公不義，出於強烈的正義感，你可能會告發自己服務的公司，成為吹哨者。

★適合職業》無論從事什麼工作，你都能與周圍的人和睦相處，因為強烈的奉獻精神，適合從事醫師、護理師、照護或社福相關工作、教師、講師、幼教老師、公務員、諮商師這類能夠幫助許多人的職業。另外，營養師或廚師等飲食相關的工作也不錯，助產師、寵物美容師、寵物育種師也適合你。

由於具備分辨美麗事物的絕佳眼光，也適合負責模特兒、演員的穿搭，或是藝術、美術、設計、花藝、香氛、時尚、室內裝潢的搭配。擔任製作人，從事指導工作也很不錯。待在組織裡的話，則會被委任總務或人事這類負責協調的工作，以中階主管的身分活躍於職場。

★財運》你的財運大致良好，對賺錢卻沒什麼興趣，即使得到大筆金錢也不會改變簡樸的生活方式。金錢觀相當穩健，不會衝動購物或無端浪費，做不必要的支出。重視平衡的你，會擬定妥善的計畫，藉由務實的儲蓄或投資來理財。你認真工作並不是為了自己一人的享受，而是為了守護家人與重要的人，花錢也是為了讓別人開心。其實，你無須擔心錢的問題，只要貫徹為人著想的原則，所需的錢自然會來到你手上。熱衷志工或公益活動的你，對經濟方面的拮据一點也不以為苦。

★**戀愛** ≫ 你對喜歡的人非常專情，願意為對方付出一切。正因如此，一旦你冒出「我為你付出了這麼多……」的念頭，開始要求對方有所回報，就會感到痛苦。戀愛中的你，占有欲、獨占欲及嫉妒心會更加明顯，要注意這個問題。開始交往以後，你容易將對方當成自己的私有物，雖然在生活各方面細心照顧對方，同時也會強迫對方接受你的喜好。

這樣的你可能會盲目愛上渣男渣女，把錢都送給對方花。一旦發現對方劈腿或變心，也許會發展成難以解決的慘烈戰爭。你為對方付出得越多，失戀所帶來的傷痛就越大，需要很長時間才有辦法振作起來。善妒的你容易遭受情傷，會一直怨恨、責備對方，甚至變本加厲發展成跟蹤狂或家暴，這一點務必要當心。

★**SEX**≫在性愛方面，你也貫徹配合對方的奉獻精神。只要對方開心你就開心。男性非常珍惜戀人或妻子，性愛時也是百般體貼，會花時間耐心取悅對方。女性更是致力於取悅另一半，只要對方提出要求，甚至會大膽挑戰激烈的玩法。其實你對性愛並沒有太大興趣，也很重視貞操觀念，對於積極追求快感這件事其實是抗拒的，無法發自內心單純享受性愛。

★**婚姻、家庭生活**≫你非常憧憬婚姻，建立一個溫暖的家是你的夢想。你對婚後生活有自己的理想家庭形象，會努力實現目標。談戀愛時你就一心為交往對象付出，婚後會更珍惜另一半和孩子，也會愛屋及烏善待對方的雙親。不僅孝順公婆（岳父母），與左鄰右舍的相處也很和睦。女性基本上喜歡做家務，尤其擅長做飯。比起在外工作，更愛待在家裡照顧家人。

因為喜歡小孩，想多生幾個，一旦有自己的小孩會非常溺愛孩子，甚至到了過度保護的地步，是相當寵小孩的父母。假日也是以家庭活動為優先，很重視生日及節慶等特殊日子，永遠將家人擺在心中的第一順位。

★**健康**≫你很重視均衡的生活，所以不會罹患大病、受重傷，或是遭到嚴重的精神打擊。不過，天生易胖體質的你，要注意吃太多美食或甜食造成的體重過重。心臟、血液和生殖器官是「6」的重要身體部位，體重過重的話要小心高血壓或糖尿病。此外，女性還要多注意子宮、乳房之類的婦女疾病。

★**興趣**》你的興趣就是「讓人開心」，因此不會將興趣視為單純的「玩樂」。熱愛美麗事物的你會投入花藝、合唱團等興趣，或是做點心之類的料理活動。也能活用自己在打掃、收納上的專長，從事探訪幼稚園或長照中心的志工活動，為他人服務。晚餐的菜不小心做得太多，或是收到別人送的禮品時，與左鄰右舍一起分享，也是你的興趣之一。

由於喜歡到處探訪美食，你對這方面的資訊也很敏銳，一發現好吃的食物就會買很多，再挨家挨戶分給身邊的親友，與親朋好友共享美食是你最喜歡做的事。

★**外表、印象**》你有一張能夠安撫人心的溫暖娃娃臉或圓臉，身材微胖是這個數字的特徵。你給人的第一印象是安心感，有種溫柔包容所有人的魅力，開朗的表情、圓滾滾的大眼睛、溫暖和煦的笑容令人印象深刻。臉上總是掛著微笑的你，自帶一種穩定人心的氛圍，散發著母性光輝。衣著打扮偏好明亮的色系，不愛貼身展露身體曲線或過度束縛身體的服裝，喜歡較寬鬆的設計。你重視衣服的材質，喜歡有個性的裝扮，會配合自己的品味將衣服改造得更好穿，在穿搭上多下工夫。

★相處方式》身為一個「老好人」，「命運數6」基本無法拒絕別人的請託，跟他相處必須掌握這個重點。對於這樣重情重義的人，若想拜託他幫忙，比起訴之以理，動之以情肯定更管用。由於他喜歡照顧人，有煩惱找他商量時，對方會將你的事當作自家的事，認真幫你想辦法。請他擔任調停紛爭的和事佬也很適合。不過，這樣的人非常注重禮數，如果受到他的照顧，之後一定要禮貌道謝。由於太喜歡照顧人，有時他會將身邊親近的人視為自己的私有物，如果他的過度關心已經造成了你的困擾，此時鼓起勇氣果斷拒絕他也很重要。

★從命運數看契合度

○良好　…「3」「9」

「命運數6」個性溫和，不會給自己樹敵，雖然有些過於八面玲瓏，跟每個數字的人基本上都能合得來。「3」會激發你的母性本能，使你忍不住一直在意對方。「9」

也是熱愛服務他人的性格，當你們彼此的理念合拍，就能建立和平的良好關係。

✕需要努力……「7」「8」

喜歡照顧人的「命運數6」跟熱愛孤獨的「7」是完全相反的性格，你必須小心不要侵犯到對方的私領域。志向遠大的「8」無法被綁在家庭裡，強求他以家庭優先，事事以家人為重，可能會讓對方忍不住想逃離你。

命運數6的名人

渥美清、大橋巨泉、笑福亭鶴瓶、山下達郎、橋下徹、中山裕介、山田孝之、米津玄師、伽利略、愛迪生、詹姆斯·狄恩、約翰·藍儂、史提夫·汪達、麥可·傑克森、樹木希林、田中眞紀子、中島美雪、林眞理子、淺野溫子、財前直見、相田翔子、佐藤珠緒、深田恭子、小倉優子

命運數 7

貫徹自己的步調 堅持個人信念的高冷「職人」

★**基本特質》**你的個性獨立自主，是擁有自我堅持的個人主義者。對於自己感興趣的領域會追根究柢，徹底鑽研，力求完美。你熱愛孤獨，即使是困難的專業工作也能堅持到最後一刻，照著自己的步調做到最好。你的自我要求極高，做事努力，責任心強，對工作一絲不苟，卻討厭被人催促。理論派的你熱愛知識及智慧，頭腦聰明充滿自信，能從客觀的角度整理並分析自身的知識與經驗，以條理分明、淺顯易懂的方式對他人說明。對於感興趣的事情，一定會親自嘗試，試圖從實際的體驗習得真理。你天生具備優異的直覺及創意，能夠開拓時代的新潮流，感性與觀察力也相當敏銳，卻不會刻意對外展露自己的優點。

★**注意事項》**生性高冷的你，一點都不覺得獨自一人是件難受的事，因此不會主動與人交流。尤其對第一次見面的人相當冷淡，容易給對方留下自大難相處的印象。你對別人的事絲毫不感興趣，也聽不進旁人的建議，腦袋非常頑固。既不會對人表露自己的情緒，也不擅長向人傾訴煩惱或吐苦水。內向的你經常關在自己的世界裡，獨自一人做夢。平時也不會找身邊的人商量，凡事總是獨斷獨行。由於缺乏與人的溝通，你無法得到旁人的理解，容易成為人們眼中的「怪咖」，遭到眾人的孤立。外表也許看不出來，其實你的自尊心很強，也容易瞧不起他人。建議你別將所有事都攬在自己一個人身上，保持心靈的彈性，思維才不會過於僵化。

★**個性**》你不愛出風頭，平時總是面無表情，個性深謀遠慮。由於生性較為彆扭，為人不夠坦率，總是擺出一副和眾人唱反調的態度。不擅長表達情緒的你，雖然也有害怕寂寞的一面，平時大多會避開人潮聚集的地方，非常重視可以照著自己的步調行動的獨處時間。你很重視隱私，極度討厭別人擅自闖入你的私領域（無論時間或空間都是）。

遇到不懂的事，你會自行查找資料，求知欲非常旺盛。雖然有明確的主見，卻鮮少主動在人前發表，個性相當低調。比起跟許多人來往，你更偏好與真正值得信賴的少數人深交。極少在人前示弱的你，擅長忍耐，所有事都想靠自己解決，就連傷心哭泣時也是一個人咬著牙默默哭泣。

★**工作**≫你會負起責任做好交辦給你的工作，以天生的超強執行力和耐力完美完成工作。為人沉默寡言，待人處事絕不算圓滑，但彬彬有禮、默默做好工作的態度仍讓你大受眾人好評。由於講究細節，追求完美，你需要更多時間完成工作。不擅長跟眾人及團隊一起工作的你，比較適合可以根據自身步調獨立完成的工作。需要詳細分析及調查的工作也很適合你。

因為知識豐富、自尊心又強，你會堅持自己的做法，不願接受他人的意見或建議，相當地頑固。你具備獨具一格的創意、敏銳的洞察力、不屈不撓的獨立心、與生俱來的直覺，當這些特質彼此協調配合，你將有望成為開拓新時代的領袖。

★**適合職業**≫你適合從事需要豐富知識及調查分析能力的專業領域，例如：醫療、法律、稅務、會計等職業。此外，系統工程師、平面設計師、攝影師、撰稿人、專業顧問這類自由接案工作也很適合你。獨特的品味再加上一雙巧手，還有耐得住單獨作業的強大心智，這樣的你也適合成為作家、藝術家，或者從事講究獨特農法的農業、個人餐飲店。

如果你能活用與生俱來的超自然能力，也可以成為占卜師、宗教家、整復師、治療師。待在組織裡的話，研發部門或商品企劃開發部門應該能發揮你的才華。你不適合對初次見面的人營銷的業務工作，不僅無法做出成果，還會徒增不少壓力。

★**財運**》你很重視精神層面，對金錢沒有太大欲望。理財方面有一套自己的做法，既不執著也沒有太大的物欲，能夠以有限的資金擬定預算，妥善管理收支，不會隨便浪費。不過，你不喜歡家人將管理錢的事交給你，討厭為了錢的事勞神費心，不想為了錢與人爭執，更無法接受用錢解決問題的態度。

你的財運不差，面臨經濟危機時總會有人出手相助，像是突然進來一筆臨時收入或繼承財產，擁有順利度過難關的超級強運。

★**戀愛**》你對異性的喜好分明，由於性格高冷，戀愛中也顯得過度清醒，有時也會覺得無法對戀人深深著迷的自己是否太過冷漠，因此心生內疚。即使遊戲人間腳踏多條船，也鮮少認真談戀愛，戀愛方面也總是一波三折。你會在直覺或靈光一閃的指引下，某天突然陷入熱戀，談一場無法以理智割捨、被命運再三捉弄、轟轟烈烈的戀愛。過程中雖然發生不少事，所幸最後還是能在神明的庇佑下修成正果。不過，戀愛中的你依舊非常重視獨處及個人隱私，不會貿然將交往對象介紹給家人或親友，平時約會也不喜歡去人多的地方。

★**SEX** ≫你鮮少對旁人表露情感，與可以敞開心扉的戀人一起享受性愛，是你少數的寶貴放鬆時光。雖然不能盡情享受性愛，仍會認真研究並多加體驗。對你而言，性愛也是人生必須研究的主題之一。男性會磨練自己的技巧，並運用這些技巧取悅伴侶，從中獲得成就感。女性則需要較長時間才能體會箇中的樂趣，一旦嘗到甜頭開竅以後，會積極嘗試各種形式的性愛，屬於求知欲旺盛那一型。

★**婚姻、家庭生活** ≫你很珍惜自己認定的人生伴侶，婚後會成為忠誠的丈夫或妻子。你會做好自己負責的家中工作，卻鮮少主動企劃家庭活動。你希望另一半能尊重彼此的隱私，不要過度干涉彼此。在家中若沒有自己獨處的時間，就會覺得窒息。你會將另一半和孩子視為獨立的大人對待，家人也許會覺得這樣的你太過冷淡，認為自己被你丟在一旁不管。

由於你不擅長表達情感，即使是長伴左右的另一半，也無法理解你內心真正的想法，導致雙方都感到寂寞。別總是自己一個人消化所有心事，偶爾也要嘗試對重要的人說出心裡的話。

★**健康** ≫你的身體雖然缺乏柔軟度，肌肉卻很強壯，屬於肌耐力很好那一型，平時也不太生病。善於忍耐的你不會對人吐苦水，因此容易累積壓力，可能會在某天突然暴發，嚇到周遭的人。

你有偏食的習慣，不注意飲食均衡的話，可能會弄壞身體。「7」象徵的是身體的消化器官和內分泌系統，平時若疏於補充維他命或礦物質，可能會造成賀爾蒙或情緒的失調，必須多注意。

★**興趣** ≫對你來說，只要「可以獨處」，任何興趣都無所謂。相較於興趣的內容，「一個人的時間」更加重要，例如散步、慢跑、聽音樂，這些活動與其說是興趣，更像讓自己放鬆的「冥想時間」。你的求知欲旺盛，「一個人讀書」無疑是你最至高無上的幸福時光。

你會徹底追求喜愛的事物，凡事都要親自體驗過才能甘心。適合你的興趣是需要較長時間的獨立作業，例如繪畫、雕刻、陶藝或工藝這類創作。

★**外表、印象** ≫你的個頭偏小，雖不醒目，卻給人一種堅定可靠的感覺。男性有張稜角分明的臉孔，細長的銳利眼睛極具特色。女性身材較嬌小，有種獨特的氣質，自帶一股嫵媚風情。

無論男女都少言寡語，清秀的形象與略帶高冷的微笑令人印象深刻。穿著打扮偏好樸素的經典款，喜歡黑色、深藍或灰色之類的暗色系。你雖然不愛奇特顯眼的裝扮，卻會在服裝的搭配、配件的運用，以及色彩的平衡與搭配上花心思，或是穿戴講究細節的單品，擁有個人獨特的審美。

★相處方式》與「命運數7」相處的方法，簡單來說就是「放年吃草」，重視他的隱私，尊重他一人獨處的時間。這樣的人不愛與人成群結隊，喜歡自己一人單獨行動，尤其討厭被人過度干涉。即使是團體活動，也無須刻意關照他，就算不理他也沒關係。剛認識他的時候，也許會覺得這樣的人不太好相處，但由於他不會侵犯你的隱私，反而能跟他建立清爽無負擔的人際關係。

這樣的人雖然沉默寡言，觀察力卻是一流，又非常擅長分析，有事找他商量的話，往往能得到精準的建議。此外，對這類人動之以情通常沒什麼效果，你必須拿出數據，以邏輯說服他。對方如果需要溝通，自然會主動來找你，在那之前，你只須在一旁默默守候即可。

★從命運數看契合度

○ 良好：「4」「7」「33」

由於你愛好孤獨，重視自己的步調，與同樣尊重他人隱私，不會過度干涉對方的「4」和「7」可以保持適當的舒適距離。此外，「33」這樣的「超級怪咖」對你而言是非常有趣的觀察對象，會誘發你想要一探究竟的好奇心。

✕ 需要努力：「5」「6」「8」

經常追求變化，一刻也靜不下來的「5」、熱心過頭容易干涉他人隱私的「6」，以及四處奔波忙碌、夥伴意識強烈的「8」，這些人會害你無法確保自己的隱私，步調還會被他們打亂，無法靜下心來專注做自己的事。

命運數 7 的名人

手塚治蟲、小泉純一郎、糸井重里、陣內孝則、小室哲哉、尾崎豐、東山紀之、武豐（騎師）、木村拓哉、鈴木一郎、笨蛋節奏（搞笑藝人）、長谷川博己、妻夫木聰、瀧澤秀明、本田圭佑、貝多芬、約翰·甘迺迪、李小龍、李奧納多·狄卡皮歐、八代亞紀、竹內瑪莉亞、高島禮子、江角眞紀子、南野陽子、酒井法子、廣末涼子、山田優、長澤雅美、新垣結衣、蘿拉、卡莉怪妞、大坂直美

命運數

熱情與能量絕不遜於任何人 追求成功的「鬥士」

★**基本資質** ≫ 樂於挑戰的你是充滿活力的鬥士，兼具執行力、行動力以及專注力，生來野心勃勃。你的好奇心旺盛，發現感興趣的事會一頭栽進去，天生自帶強大的能量。比起安穩的家庭生活，更愛充滿刺激的工作，凡事都要分個勝負才肯罷休，最痛恨半途而廢。遇到危機從不灰心沮喪，熱愛挑戰困難，屬於典型的熱血鬥士。你會同步進行好幾件事，忙得無暇休息，一刻也靜不下來。因為擅長說服旁人加入自己的計畫，任何事一旦跟你扯上關係，規模就會不斷擴大。擁有超強能力及運氣的你，可望收穫眾人欽羨的成功。

★**注意事項** ≫ 由於興趣過於廣泛，反而造成你不擅長設定目標，最後搞不清楚自己究竟在瞎忙什麼。貪心的你這個也想試、那個也想碰，涉獵太廣的結果就是弄得自己無法收拾，連累周圍的人替你善後。你總在各處做出引人矚目的大事，卻不收拾也不善後，撂下攤子就逕自朝著下一個目標奔去，惹得眾人傷透腦筋。一旦看到想要的東西，即使不擇手段也要得到。

生來執拗的你，從不輕易放棄目標，但一心追求物質欲望，棄家庭於不顧，可能會給自己招來不幸。你的個性好強，做事也相當拚命，這樣固然很好，卻不該要求其他人也要付出與你同等的努力。你不能強迫他人老是照著你的方式做事，對別人的心情、特質及弱點，也應該予以尊重才是。

★**個性** 》好勝的你不願認輸，總是比別人加倍努力。為人重情重義，非常懂得為夥伴著想。你的敵我意識強烈，一旦有人與你為敵，就會無情捨棄或徹底擊垮對方，性子相當剛烈。凡事全力以赴，絕不混水摸魚。性格直率的你，行事風格熱血，推動事物進展的強大能力，簡直堪比推土機。當你擁有明確的目標，奮身投入一件事，任何人都無法阻攔你。因此，你對周圍的人有極大的影響力，一旦手握權力，很有可能成為獨裁者，變得自大、蠻橫又傲慢。

雖說你為了達成目的不擇手段，卻也從不吝惜付出最大的努力。正因如此，看到那些在你看來不夠努力的人，你對他們的態度會相當嚴厲，絲毫不顧情面，最好要注意這一點。

★**工作**》在所有數字中，「8」是事業運和生意運最旺的工作狂，有不少人「工作成癮」。工作就是你最大的興趣，連放假也滿腦子只想著工作的事。為達目標不惜付出任何代價，這樣的你無論做任何工作都能嶄露頭角。獨立創業或與創業相關的工作，最能發揮你超群的活力、獨創性、指導力和統率力。不論男女，自己開公司的比例很高，如此強大的野心正是「8」的特徵。你擁有優秀的創意及行動力，還有將任何事物化為賺錢點子的商業頭腦，既有人望也有領導能力，相較於坐在辦公室裡高高在上指揮眾人，你更希望一輩子在第一線與夥伴們共同打拚。

★**適合職業**》「8」的特徵就是自己創業的人很多，能在經營或營銷方面發揮長才。在組織內擔任管理部門的主管職或專案負責人，能讓你獲得成就感並加倍努力。你容易被規模龐大的事物吸引，適合建築業、製造業、不動產、地產開發商、政治家、法律相關的工作。此外，由於喜歡人潮聚集的地方，也適合從事銷售業、餐飲業。善於多元發展的你，卻不擅長一直做同樣的事情，或是單調無趣的作業。

★**財運**》在所有數字中，「8」的財運最旺。你對賺錢有絕佳的敏銳度，更有優異的經營才能、源源不絕的點子，以及具體執行創意的能力。此外，你也有博弈、股票、不動產投資的天分，不僅擅長賺錢，還懂得用錢滾錢。不過，賺大錢的同時，你花起錢也如流水，一旦習慣奢侈的生活，可能會麻痺你的金錢觀，欠下重債或破產，甚至鋌而走險以身試法，務必要當心。

你既有賺錢的天分，就不該白白浪費。千萬不要只滿足於自己一人的私利私欲，當你學會如何與眾人分享自己創造的財富，讓金錢發揮最大的價值，一定可以得到真正的幸福。

★戀愛 »個性熱情的你在戀愛方面也很熱情，一旦發現喜歡的對象，即使對方是已婚人士，也會不管不顧地發動猛烈攻勢，藉由送禮等手段試圖攻陷對方，在對方點頭答應之前絕不輕言放棄。當戀情受到周遭反對，障礙越多反而越能激發你的熱情。深陷情之後，你就會「賭上性命談戀愛」，以破竹之勢直衝終點，因此容易經歷一波三折的戲劇化戀愛。對你而言，戀愛也是一種競技，失戀就等於「輸了比賽」，這是你的自尊心絕對無法容許的事情。

性情剛烈的你，在熱戀時表現良好，可一旦與對方離了心，可能會演變為「愛有多深，恨就有多深」。強迫對方接受你自以為是的愛情，只會增加他的困擾，這一點務必要注意。

★SEX 》性愛方面你也相當大膽熱情，凡事愛好華麗的你，會將性愛當成運動競技那般樂在其中。男性正如「英雄難過美人關」這句話，愛好女色的你無法只滿足於單一對象，做愛時也很強勢，可能會自顧自地不停進攻，只想滿足自己的征服欲。女性在性愛上也很積極，會掌握主導權，要求對方照著自己喜歡的方式來，高潮時也會以誇張大膽的反應來表達自己的歡愉。無論男女，都應該謹記「性愛是與伴侶同樂的雙人運動」，千萬別讓性愛成為自己「獨樂樂」的獨角戲。

★婚姻、家庭生活 》這個命運數的人不論男女，婚後都無法安分待在家裡。你希望和另一半依舊能像男女朋友那般相處，紀念日時大餐和禮物更是不能少。不過，成家安定下來之後，心無旁騖的你會比之前更投入工作。你不是假日時陪伴家人、待在家裡放鬆那類型的人。女性除了忙家務仍會繼續工作，也會花時間發展興趣或參加社團，一刻也不得閒。你即使在家裡也很忙碌，沒有片刻休息，連帶著家人也無法靜下來放鬆。對你而言，什麼都不做休息就等於偷懶，會有種莫名的罪惡感。你必須找出家庭與工作之間的平衡，讓家成為放鬆身心的場所。

★健康 》健康可以說是你最大的優點，即使有些小傷或身體不適，你也會靠體力撐下去，絕不輕易臥床休息或示弱。你總是很忙碌，凡事全力以赴，因此容易累積疲勞，可能會因為過勞而弄壞身體，必須多加注意。由於你容易情緒激動，要小心造成心臟或大腦的負擔。飲食方面容易大魚大肉，要注意高熱量飲食引起的肥胖、糖尿病和高血壓問題。「8」在身體中象徵骨骼，因此你要多鍛鍊身體，並且留意別太過拚命或魯莽挑戰，以免引發受傷或骨折。

★**興趣**》簡單來說，你是那種「把工作當興趣享受」的人。除了工作，你的興趣就是高爾夫、網球之類的運動或是跳舞。由於熱愛刺激場面，也可能將運動觀賽或博弈當作興趣。你有強烈的表現欲，男性喜歡高級車，女性則對一流精品或珠寶首飾這類引人注目的奢侈品有強烈的興趣。無論男女，都會投入許多精力建造豪宅，對你而言，豪宅無疑是最簡單好懂的「成功證明」。

★**外表、印象**》「8」所具備的擴大能量也會展現在你的肉體上，這個數字的人大多身材魁梧，五官分明，擁有一眼就能吸引人的魅力。即使身處人群，強大的氣場也會讓你成為最搶眼的存在，給人開朗有活力的印象。你的衣著品味絕佳，能靠自己的搭配創造屬於你的風格。熱愛名牌精品，會花大錢在眼鏡、鞋子、手錶、包包等時尚配件。年輕時你的體態穠纖合度，無論男女中年之後都容易發福，造成心臟的負擔，一定要多留意。

★相處方式》「命運數8」對任何事都很熱血，尤其熱愛「團隊齊心協力贏得勝利」的勵志精神，能在重視合作的團隊活動中發揮可靠的領導能力。他平時最愛掛在嘴上的就是「我們一起打拚！」「大家一起加油！」這類熱血台詞，只要你以團隊成員的身分宣示效忠，他就會關照你。這樣的人為了讓團隊變得更好，即使自己必須付出比別人加倍的努力也在所不辭。由於他會想要主導團隊的發展，放手將主導權交給他也很重要。還有一點要注意的是，這類人在人際關係中也很在意對方是敵是友，必須先對他表明自己的立場。不過，如果總是配合「8」凡事全力以赴的步調，可能會被他耍得團團轉，導致自己身心俱疲。跟這樣的人相處，關鍵在於把握適度的張弛。

★從命運數看契合度

○良好 …「2」「3」「4」

「8」擅長做引人矚目的大事，卻不懂得善後，需要跟可以從旁協助你善後的對象配合，像「2」就很適合。你精力十足的特質恐怕只有孩子王「3」才跟得上。此外，你跟性格完全相反、能與你互補，可以陪在經常暴衝的你身旁，適時幫你踩下煞車的「4」也很契合。

✕需要努力…「1」「8」

你和同樣想成為領袖的「1」容易發生意見衝突，陷入團隊的主導權之爭。另外，與同是「8」的人在一起，由於你們彼此都會強迫對方接受自己的做法，兩人之間的鴻溝只會不斷擴大加深，發展成惡劣的鬥爭。

的名人

豐臣秀吉、本田宗一郎、加山雄三、星野仙一、澤田研二、梅澤富美男、中畑清、竹中直人、片岡愛之助、堺雅人、大谷翔平、畢卡索、松坂慶子、小林幸子、森公美子、藥師丸博子、鈴木保奈美、蓮舫、武田久美子、工藤靜香、安室奈美惠、瀧川克莉絲汀、MEGUMI、倖田來未、道端潔西卡、長谷川潤

命運數 9

協調眾人的和平主義者 助人為樂的「模範生」

★**基本資質**》「9」囊括所有數字的特質，擁有極為複雜的內在，兼具了智慧與聰明，是心胸寬闊的理想主義者。富有同情心的你，期望全人類和平共處，跟誰都合得來，能寬容接納所有人。你可以從高處俯瞰事情的全貌，為人深謀遠熟，具備統合眾人的能力。天生自帶神祕氣場，有種不可思議的領袖氣質，創造力豐富，洞察力也很出色。由於擅長察言觀色，重視與周遭的協調，溫厚的人品使你備受眾人愛戴。對物質方面沒有太大興趣的你，是追求崇高理想的浪漫主義者。你對環境問題、健康問題、和平運動等志工活動很感興趣，充滿奉獻精神。

★**注意事項**》性格單純的你脆弱易傷，感受力強，容易引發情緒的失衡。易碎的玻璃心讓你顯得有些情緒不穩，容易否定自己的價值，經常懷抱著罪惡感，對人生與這個世界感到悲觀，覺得活著很心累，有厭世的傾向。當你被無力感襲擊，就會變得無精打采，對所有事都提不起勁。

有時候，太過聰明也會成為你的缺點，愛講大道理，偶爾會露出瞧不起人的態度，容易招來旁人的反感。由於缺乏幽默感，性格顯得較為陰沉。建議你別只顧著追求遠大理想，不妨將注意力多放在現實中的微小幸福，盡情享受你的日常生活吧！你容易受到環境影響，因為太在意他人的言行而累積壓力，導致身心的失衡，平時應該多留意這一點。

★**個性**》你的性格文靜理智，心思純淨。求知欲旺盛又勤學，是學識淵博的知識分子。不過，與生俱來的複雜性格會讓你露出多重人格的一面。由於不太對人吐露真心，你在他人眼中顯得難以捉摸。實際上，你的內心同時存在著多種矛盾的情感，溫柔與冷淡、堅強與脆弱、開朗與陰沉，複雜的情感在你心中相互傾軋，形成外在與內在的強烈落差，造成你的矛盾性格。

表面上你是優秀的模範生，跟任何人都合得來，因此深受一部分人支持，但也有部分人對你敬而遠之。浪漫主義的你容易受到神祕事物的吸引。也有害怕被人排擠，脆弱而敏感的一面。追求和平的你痛恨爭鬥，雖然有強烈的信念，由於在意旁人對你的評價，平時不會主動表達自己的意見。

★**工作** ≫ 你既勤勉又聰明，個性認真，不論什麼工作都能做好。你能注意到細節，又善於協調，也願意傾聽旁人的想法，成為職場上眾人諮詢煩惱的導師，或是負責整合整個團隊的可靠存在。你期望自己成為對世人有用的人，為了守護重要的人或社會整體的利益，不惜粉身碎骨，盡一己之力貢獻大眾。你無法認同只為了賺錢而工作，很在意自己正在做的工作是否有意義、對社會可以帶來怎樣的貢獻、能否讓其他人更加幸福。倘若你無法從工作找到使命感或社會意義，就不能從這份工作獲得成就感。

★**適合職業** ≫ 出於強烈的奉獻精神，你適合從事醫師、護理師、藥劑師、照服員這類醫療、社福相關職業。政治家、法律專家、律師、教師、公務員、農業、健康食品販售等工作也不錯。也會被環境保護、和平運動、公平交易這類ＮＰＯ（非營利團體）活動或相關事業吸引。此外，你擁有表現自己內在世界的才華，可望成為作家、小說家、音樂家。由於對神祕事物非常感興趣，也能成為心理諮商師、治療師、宗教家。只以賺錢為目標的工作或單調作業，還有整天面對著電腦的工作，會讓你喪失動力，變得無精打采、缺乏活力。如果能夠邂逅一起談論理想和情懷的夥伴或工作，你就能充分發揮自身的實力。

★**財運**≫財運穩健的你對錢沒興趣，甚至對賺錢一事感到罪惡及厭惡，即使沒錢也無所謂。這樣的你會沉迷於慈善或宗教活動，投入大筆金錢。其實你的頭腦聰明，也有運用資產、投資、理財的天分，有望成為金錢方面的專家。不過，即使手上有大筆金錢，你也不會將這筆錢花在自己的享樂上，而是會捐獻出去，將取之於社會的財富回饋給社會。就結果而言，貢獻世人的花錢方式將給你帶來更大的回報，財運可說是非常與眾不同。

★**戀愛**≫你給人一種知性、乾淨的感覺，無論男女都能給人留下好印象，覺得你是可靠的人。體貼的你可以注意到旁人容易忽略的細節，由於個性溫柔，經常站在對方的立場替他人著想，很容易由同情轉變為愛情，就此和對方交往。甚至因為待人過於溫柔而陷入外遇或三角戀，為此煩惱不已。你的個性雖然被動，卻能根據眼前的狀況，冷靜區分認真和逢場作戲的關係。談戀愛時容易受到理智的影響，無法全心全意沉浸其中。你很重視對方的學歷和家世，喜歡可以與你來場知性對談的知識分子。雖然有看穿對方內心的才能，卻會隱藏自己真正的想法，壓抑自身的情緒，由於旁人看不清你的想法，會覺得與你很難交心。

★SEX》》重視精神層面的你，有些抗拒肉體交流的性愛，容易演變成性冷淡或無性生活。男性可能會出於精神壓力導致性無能，或是深陷SM遊戲、角色扮演、戀童癖之類的特殊性愛，非常極端。女性只要有精神上的連結就能獲得滿足，因此無法理解男性的生理需求，可能會對向自己求歡的伴侶產生厭惡感。由於你將性愛視為被獸性操控的猥褻行為，黃色話題更是禁忌，無法理解「享受性愛」是怎麼一回事。

★婚姻、家庭生活》》你是將戀愛與結婚分開來思考的人，會冷靜分析周遭的意見及對方的條件，仔細審查結婚的對象。當然，可以清楚得知對方身家的相親也適合你。你對婚姻的態度較為慎重，屬於晚婚但可以抓住幸福的人。婚後會扮演好丈夫、好妻子的角色。不過，就算已成為夫妻或家人，你也不會向另一半吐露真心話，還可能會用你認定的正義或大道理來束縛家人。建立理想的家庭固然重要，但一味追求理想，可能會讓家庭變成令人窒息的場所，無法安心放鬆。

你很愛講道理，一旦表現出瞧不起對方的態度，容易讓夫妻之間越來越離心。重視社會觀感的你不會離婚，卻有可能成為在人前扮恩愛的「假面夫妻」，平時應該努力避免這樣的溝通不良發生。

★**健康**》你乍看之下給人身體孱弱的印象，其實非常注重身心平衡，平時不會生大病或受重傷。基本上，你一直很注意維持規律的生活，既不會暴飲暴食，也很注重飲食均衡，即使生病也不會拖太久。求知欲旺盛的你，也有「健康宅」的一面，可能會迷上特定的保健方法或食療法。但這麼一來，反而會破壞你原有的平衡，損及你的健康，必須小心才是。「9」象徵的是身體中的大腦，因此要多注意腦部疾病。別只是光說不練，在日常生活中多實踐身心平衡的原則吧！

★**興趣**》對你而言，「學習就是最大的興趣」，求知欲旺盛，熱愛閱讀。在自我投資這方面從不吝嗇，也會積極參加研討會之類的學習聚會，會在「自我提升」這方面投入大把時間與大筆金錢。你喜歡神祕事物，對心理學、精神世界、占卜，以及各類治療法也很感興趣，會持續學習相關知識。你容易沉迷於宗教活動，志工活動也在你的興趣範圍之內，無論是小規模的社區清掃活動，或是全球規模的和平運動、環境保護運動，都會積極參與。你很嚮往以農業為主的生態保育生活，想要遠離都市的喧囂，在大自然中悠閒沉浸在自己的思緒裡。

★**外表、印象**》「9」的特徵是天生自帶的領袖氣場，以及獨特的中性氛圍。男性是瀟灑的秀才，女性則是帶點男孩子氣的才女。這類型的人大多身材高䠷纖細，給人苗條的印象、心思細膩的感覺，帶有一點神經質。臉形屬於知性的瘦長臉，中年後有發福傾向，不少人年輕時和中年後的體型截然不同。服裝方面，你不是選擇花俏奇特的裝扮，就是天然棉麻材質的簡單自然裝扮，既不化妝也不戴首飾，風格相當兩極，令人覺得你難以捉摸。

★**相處方式**》「命運數9」最在意的是，自己做的事能否對他人有所助益。從「貢獻他人」的角度肯定「9」做的事，以言語或態度來表達對他的慰勞、感謝之意非常重要。要注意的是，用金錢來評價他，可能會傷及對方的自尊，務必要謹慎。由於這樣的人不擅長主動提錢的事，委託工作給他時，最好白紙黑字寫下金額與條件，才能避免日後產生紛爭。由於他很重視人和，在團隊行動時擅自單獨行動，恐怕會引發他的怒氣。

另外，千萬別在學歷或知識方面傷及他的自尊，或是說出貶低他的發言。這類型的人本就是知性溫和的人，只要放低身段表現出向他虛心求教的態度，對方就會很樂意指點你。

★從命運數看契合度

○良好 ⋯「2」「7」「11」

可以與自己共享知性的話題，一起談論理想與情懷，還能理解自己對於神祕事物愛好的人與你尤其合拍。你擁有高遠的理想，如果可以和一起分享理想的人，擁有共同的興趣或目標，就能更加提升彼此的契合度。

✕需要努力 ⋯「1」「8」

你覺得談錢或與賺錢相關的現實話題非常俗氣。至於那些從來不顧及旁人的心情或狀況，只會單方面強迫對方接受自己意見及做法的人，在你看來既野蠻又討人厭。你可能需要極大的努力，才能與這些精力充沛的「熱血分子」互相理解。

的名人

德川家康、石原慎太郎、村上春樹、佐野史郎、石原伸晃、藤井郁彌、松本人志、江原啓之、HIROMI、本木雅弘、淳君、藤木直人、中居正廣、田村淳、千原弟、藤岡靛、山下智久、菅田將暉、小野洋子、美空雲雀、石川小百合、富田靖子、中谷美紀、內田也哉子、菅野美穗、平原綾香、北川景子、佐佐木希、賀蘭千秋、黑木華

命運數

感應超強的神官、女祭司
「神明的代言人」

★**基本資質**》「11」由兩個相同數字組成，是象徵「兩個箭頭」的「卓越數」（大師數）。這個數字的人能藉由直覺、靈光一閃及第六感，接收來自宇宙的訊息，屬於感應力強大的「神官、女祭司」類型。你擁有敏銳的感受力，能感知到神聖、美妙的事物。運用天生優異的感受和獨特的靈感影響許多人，正確地引導眾人，既是你與生俱來的才華，也是你的使命。因為擁有絕佳的藝術品味和豐富的表現力，你的人生充滿變化，命格相當獨特。平時表現低調、性格溫和，其實具備了獨特的感性，胸懷高遠理想，能憑藉著強大的意志，在實現夢想的道路上勇往直前。從你口中說出的話語擁有常人所沒有的分量和價值，所以你必須察覺自己對周遭的強大影響力，並且善加運用言語的力量。

★**注意事項**》你雖然能憑藉著直覺知道答案，卻不清楚導出答案的算式，因此無法以邏輯來對人清楚說明箇中的道理。「11」的兩個數字相加之後是「2」，因此你也具備了「命運數2」的特質，優柔寡斷的個性使你容易被旁人的意見左右。你這個人非常難捉摸，既神經質又愛操心。右左腦的兩根天線，使你在遇事時猶豫不決，遲遲無法做出決斷。由於天線的敏感度過高，你經常受到旁人影響，情緒起伏也很激烈，會突然脫口說出旁人難以理解的話，或是做出衝動的驚人之舉，被當成怪人看待。你擁有獨特的世界觀，但因為不擅長察言觀色，這讓你顯得我行我素，與旁人格格不入，這一點必須多注意。

★**個性**≫你這個人說好聽是有個性、走在時代的前端，說難聽就是怪人一個。擁有與眾不同的個人世界，無法甘於平凡，總是在追求新的夢想和理想，行事全憑直覺，屬於「怪咖」那一類型。追求刺激，看到有趣或神祕的事物就想湊一腳，一生中可能會因此歷經數次大麻煩。

聰明的你做任何事都得心應手，但由於口直心快，容易因為說話太直遭到誤解，或是在無意間傷害他人。自己明明比任何人都還要神經質，卻會說出神經大條的驚人之語，讓當下氣氛瞬間凍結。一旦遭到他人冷遇，可能就此無法再相信任何人，關在自己的世界裡一個人搞自閉，性格非常複雜。

★工作 ≫ 你天生具備直覺與敏銳的洞察力，腦袋也很聰明，非常適合案頭工作。勇於挑戰神祕及未知事物的強烈好奇心，使你無法滿足於普通的工作。不適合在規矩嚴格的組織裡工作，有從事自由業的才華，愛好有個性、前衛、有夢想的工作。待在組織裡的話，你獨特的個性恐怕很難得到旁人的理解，只能不停更換工作。你的話語能夠擄獲人心，也有望成為精神領袖。

不過，缺乏行動力的你很難靠自己一個人的力量實現夢想或創意，如果可以找到具備優秀執行能力的合作夥伴，擔任幕僚或建言者從旁輔佐對方，就能在工作上大展你的長才。

★適合職業 ≫ 你擁有常人無法想到的獨創性和奇特觀點，適合當學者、研究者或發明家。此外，充分活用與生俱來的靈感、直覺、超自然感應能力，從事小說家、音樂家、畫家、藝術工作者、攝影師、時尚設計師、心理諮商師這類的自由業也很適合你。你對流行相當敏銳，發揮時代尖端的感性，走媒體廣告業或當藝人也不錯。你的神祕力量一旦覺醒，也能在占卜師、治療師、僧侶、宗教家等領域發揮長才。待在組織裡的話，相較活躍於舞台的營銷人員，你更適合待在後勤部門，企劃開發這類創意部門就很適合你。

★**財運** 》比起金錢，你更重視精神層面，希望可以依循自己的感性享受人生。對錢的態度漫不經心，有多少花多少，不擅長為了將來存錢或妥善安排收支。為了實現理想和夢想，你會在一般人眼中看似毫無價值的事物上花大錢，或是沉迷於靈性世界的探索或宗教，為此投入大筆金錢。由於你容易倚賴他人，有可能因此被騙，或是過於輕信他人被捲入金錢糾紛，務必多加小心。你的運氣基本很旺，妥善運用自身的直覺，基本上不會有經濟方面的煩惱。

★**戀愛** 》重視心靈交流的你，是追求「命運邂逅」的浪漫主義者。你很認真看待自己的直覺，愛情觀極為獨特，旁人很難理解這樣的你，本人卻一點也不以為意。由於世人的常識完全無法套用在你身上，你交往的對象經常讓周遭的人跌破眼鏡。你是那種會為了戀人溫柔付出的人，對待交往對象相當寬容。因為擅長配合所有人，談的大多是輕爽的戀愛。你能憑直覺看穿對方的本質，「真正的交往對象」其實很少，一旦認定一個人，就會跟對方建立真誠的戀愛關係。你在戀愛中必須注意一件事，如果總是想到什麼就說什麼，或是行動全憑當下的情緒，可能會把對方耍得團團轉，導致戀情無法長久。

★**SEX** ≫在性愛方面，你非常重視感覺，會因當下的心情狀態而有截然不同的表現。你基本上屬於被動配合對方那一型，過程中有時還會因為突然沒了「性」致而中斷。即使是同一個對象，你的表現也是時而大膽時而淡漠，捉摸不定的態度往往搞得對方一頭霧水。男性是重視過程的感覺派，性愛中若無法照自己的意思順利推進，就會突然失去性趣。女性也會為了對方的一個小動作或不經意的一句話瞬間冷感。此時你應該尊重伴侶，負起責任向對方解釋清楚自己的心情變化。

★**婚姻、家庭生活** ≫重視心靈交流的你，會與自己認定的對象坦誠交往。婚後成為守護家庭的好丈夫、好妻子。尤其有了小孩以後，會事事以孩子為優先，成為疼愛孩子的慈祥父親或是為孩子著想的溫柔母親。因此，男性若無法與顧家及喜歡孩子的女性結婚，就無法安心工作發揮實力。女性非常重視精神層面的交流，眼裡只有工作的男性無法讓她感覺到彼此的心靈連結。

天生具備敏銳直覺的你，能敏感察覺到另一半的變心或外遇，比起肉體上的出軌，你更無法原諒的是精神上的背叛。一旦在意起對方的一個小動作或言行舉止，就會開始疑神疑鬼、猜忌不斷，很可能就此將自己與另一半逼到精神上的絕境，這一點務必要留意。

★**健康**≫由於你過度重視精神層面，情緒狀態也會嚴重影響到你的身體，生病的原因往往是「心理影響生理」。一旦遭受到精神上的打擊，就會關在自己的世界裡，極度抗拒與人來往。要多注意神經性胃炎、偏頭痛、心臟及血液循環方面的疾病。從你口中說出的抱怨、壞話、抗議這類負面話語，正是影響你健康的主因，其影響遠遠超乎你的想像。你必須自覺到這一點，慎重看待自己的口頭禪或說出口的話。

★**興趣**≫這個數字的人喜歡先進前衛的事物，也想表現自己的與眾不同之處，不少人的興趣都相當奇特。像是做大膽的打扮、飼養古怪的寵物，或是收集旁人眼中毫無價值的物品。此外，需要活用直覺與靈感的繪畫、雕刻、詩詞、作曲等創作方面的興趣，也能發揮你在藝術上的天分。對你而言，物品的價值或價格只是其次，你更重視那是否符合自己的感性，這種傾向也會明顯地表現在你的興趣上。如果能將興趣當作自由揮灑感性的機會，妥善運用，應該可以更加發揮你的獨特才華。

★**外表、印象**≫你的個子嬌小，身材不高卻有獨特的品味。明明長得不是特別起眼，卻意外地令人印象深刻，自帶一股獨特的氣場。你的髮型很有特色，會貫徹自己獨特的風格。服裝乍看之下是保守的正統派，卻有不受時代潮流或周遭環境影響的強烈堅持，一旦確立某種風格，就會維持那個風格長達數年。顏色方面，你偏好以純淨的白色為基底，再搭配靛藍、藍、紫等藍色系顏色。

★相處方式≫跟經常靈光一閃，一想到什麼就立刻說出口的「命運數11」相處，重點在於別對他說的每一句話太過認真。其實他本人在說話的當下根本沒想那麼多，也可能很快就改變心意。如果真的很在意他說的話，建議可以當下反駁他，趁早做個了結。由於他總是說過就忘，若是為了那些話多思多慮，等於是在給自己找罪受。「命運數11」的怪咖言行本就引人注目，每一次都在意的話，只會被他耍得團團轉，對自己根本沒有任何好處。

其實這樣的人很容易被周遭影響，只要將他拉進你的步調就能輕鬆獲勝。由於他的個性猶豫不決，把重要大事的抉擇權交給他的話，只會徒增他的壓力。向他提出意見或建言時，重點在於以堅定的語氣，將你的想法清楚地傳達給對方。

★從命運數看契合度

○良好…「2」「6」「11」

待人寬容的你，雖然能配合所有人，由於你很重視精神層面的契合，對方是否能認同感性的價值，對你而言相當重要。適合你的對象是願意接受並尊重你與眾不同的「怪咖」特質，性格沉穩、具備包容力的人。

✕需要努力：「4」「8」

重視有形的物質，認為看得見的東西才有價值，一心只想照著自己的步調推進計畫的人，是你最不擅長相處的類型。至於重視金錢或物質，把工作擺在第一位的人，或是無法認同無形事物的現實主義者，會讓你產生本能的抗拒反應。

的名人

美輪明宏、三宅一生、杉浦克昭・孝昭兄弟、西川清、武田鐵矢、古館伊知郎、所喬治、田原俊彥、吉川晃司、中田英壽、香取慎吾、窪塚洋介、綾野剛、中田敦彥、古市憲壽、莫札特、巴拉克・歐巴馬、大衛・貝克漢、細木數子、松任谷由實、淺田美代子、澤口靖子、廣瀨香美、國生小百合、石田百合子、牧瀨里穗、安美佳、木村KAELA、福原愛、吉岡里帆、土屋太鳳

命運數

22

好惡分明、能量強大
活躍在世界舞台的「教主」

★**基本資質**≫由兩個相同數字組成的「22」是「卓越數」（大師數）之一。物質世界與靈性世界、理想與現實，你能將完全相反的兩個世界進行高層次的整合，是「偉大的理想主義者」。你擁有活躍於世界舞台的巨大潛力，天生具備稀世罕見的領袖魅力，能賦予人們偉大的夢想與希望，也能實現崇高的理想，兼具不可思議的魅力與絕大的能量。

大膽與務實、爽快與細膩、溫暖與冷漠，相反的特質同時並存，正是你最大的特質。你熱愛跌宕起伏的刺激人生，雖然會面臨嚴峻的考驗，運氣卻相當好，遇到危機時必定有人對你伸出援手，天生自帶超強運氣。

★**注意事項**≫首先，你必須承認自己是個大怪咖。如果不接受真正的自己，你就不能發揮「22」的領袖特質，只能成為認真務實的「4」，這一點務必要銘記於心。由於理想過於崇高，你很容易被旁人當作愛做白日夢的人，難以得到周遭的理解。再加上不會刻意博取他人的理解，使得你在人群中顯得格格不入。由於你無法降低自己的程度配合旁人，還會強迫對方接受你的做法，高高在上的蠻橫態度容易招來他人的反感，讓你樹敵頗多。不願妥協、堅持自我的特質太過強烈的話，可能會導致你變得自我中心，成為無視規則的任性獨裁者。你直言不諱的說話方式非常傷人，本人卻毫無自覺，還會為了一點小事突然暴怒，因此被貼上「難相處」的標籤，務必要留意。

★個性 ≫ 你天生自帶一股特殊的氣場，能讓旁人對你另眼相看。「22」的兩個數字相加會得到「4」，所以你也具備「命運數4」的特質。認真務實，擁有堅持不懈的耐力，由於你的思考迴路與眾不同，從小就被人當作「怪咖」看待。你擁有實現夢想及願望的強大力量，但過度相信自身的力量會讓你變得自我中心、蠻不講理。你的好惡分明，想法又總是變來變去，害得身邊的人時刻膽顫心驚，經常懸著一顆心放不下來。因為缺乏耐性，你動不動就暴怒，卻不會記恨，不久就會消氣。

你的感受力敏銳，前一秒才覺得你有些神經質，下一秒就做出驚人的大膽舉動，我行我素到令人難以捉摸。由於腦袋聰明，為人又機靈，有時會給人留下奸詐狡猾的負面印象。

★**工作** ≫初次見面時，你會給人留下做事認真、一絲不苟的印象，其實你擁有優異的感性，能夠敏銳補捉時代的潮流，開拓新流行。處理現實問題的能力也很強，有大膽的行動力及卓越的統率力，再加上俐落的決斷力和獨特的點子，不管在哪個領域，都能發揮自身的領導能力。即使身在大型組織，也能從高處俯瞰整體進行判斷，年紀輕輕就能嶄露頭角，踏上菁英路線。你是那種居於人上才能發揮實力的類型，不適合一直待在被人指使的位置上。離開日本也許更能發揮你的領袖特質，建議不妨將海外發展列入自己的職涯規劃。你有實現夢想和與理想的才華與運氣，胸懷「活躍於世界舞台」的遠大志向，這些特質都是邁向成功的關鍵。

★**適合職業** ≫你無論從事任何工作，都能成為領袖或幹部，尤其在大型組織裡，一定會成為幹部候選人。像政治家、模特兒、藝人這類備受矚目、需要人氣的職業，或是作家、畫家等藝術相關工作也很適合你。此外，也可以從事製造業、建築業、記帳士或會計師這類需要細心的工作。或是以獨家的技術取得專利，成為連結海外與日本的橋梁。不管從事哪一行，你都能在社會的變革期或時代的轉捩點完成偉大的使命。你擁有神祕的力量，如果能均衡地連結精神世界和物質世界，完成自身的使命，就能活躍於世界的舞台。

★**財運**≫說到你的財運，特徵就是規模龐大，而且跌宕起伏。你擁有強大的財運，也有白手起家賺進巨大財富的商業點子和執行力。經濟概念雖然敏銳，對金錢卻不特別重視，因此收入與支出容易出現大幅度的變動，既有可能靠股票、投機或博弈賺進大錢，也可能在瞬間變得一貧如洗，甚至身負巨債。

就結果而言，你的財運好得不可思議，明明不在意錢，卻總會有意外之財送上門來，遭遇困難時一定會有貴人伸出援手，擁有超級強運。財運規模的大小，完全取決於你能讓多少人開心。

★**戀愛**≫有個性又有點古怪的你，談的戀愛也相當花俏。你的直覺敏銳，一眼就能看穿戀愛對象是怎樣的人，能跟在意的對象馬上混熟，憑著積極大膽的行動力，俘獲心儀的人。你希望自己得到眾人的矚目和喜愛，對待戀人卻相當任性，也有獨裁的傾向。由於好惡分明，戀愛往往始於一見鍾情，分手也來得又快又突然。你的戀愛既戲劇化又自由奔放，不被世人眼中「正常」的戀愛模式束縛，無論身處哪個時代都會受到注目，成為領先時代一步的「戀愛參考樣本」。

★**SEX**≫在性愛方面，一成不變可不是你的風格。時而蠻橫獨裁如國王（女王），時而端莊溫柔全心付出，角色經常變來變去，伴侶應該會覺得你很難應付。時而循規蹈矩淡淡結束，時而熱情如火追求不尋常的玩法，風格相當多變。男性就像身體裡同時住著男公關與國王，女性則是處女、妓女和女王三種截然不同的角色同時並存。無論男女，在性愛方面都具備了極端的雙重人格，才會形成如此複雜多變的性愛觀。

★**婚姻、家庭生活**≫超有個性的你要找到滿意的對象極為困難，不過你的運氣超強，無須特別留意，也能在人生最適當的時機遇見結婚對象。不過，只在意對方條件的話，可能會引發婚後愛情瞬間冷卻的悲劇，必須留心這一點。婚後自我中心的個性一旦顯露，可能會成為不顧家的「蠻橫丈夫」或「任性妻子」。也許你只能靠著自己的直覺，才能找到完全包容你的結婚對象。成家之後，雖然會負起在家庭中的責任，不論男女都無法安分地乖乖待在家裡。

★**健康**≫你的精神與肉體雖然存在著極端的兩面性，卻意外地協調均衡。只要能夠保持兩者的絕妙平衡，在這段期間既不會生大病，也不會受傷、遭遇意外或精神上的打擊。不過，你有主動招惹大麻煩的壞習慣，當這道平衡因為金錢、工作或人際關係的糾紛而失衡，可能會瞬間影響到你的健康，務必要多留意。你的身體和精神雖然沒有特別脆弱的部位，也不能因此對自己的健康狀況過度自信，日常生活中還是要注意維持身心的平衡。

★**興趣** 》你自小某方面的能力就特別突出，像是讀心、看見一般人看不到的事物，經常發揮神祕的特殊能力。原先出於興趣開始做的事情，尤其是藝術、藝能這方面的才華，可望獲得大眾的肯定，就此一躍成名，由興趣直接轉為本業。建議你多挑戰文化、藝術或精神方面的興趣。接觸該方面的興趣或是和你有緣的指導老師、師傅，也許會喚醒原本沉睡在你內部的稀世才華，成為人生的重要轉機。

★**外表、印象** 》你的身材高眺纖細，自帶一種知性高貴的氣質，不會發胖，也不會給人粗野的印象。從你眼眸深處的那道光，可以一窺你獨特的領袖特質。服裝方面，走正統風格的你不追求流行，偏好線條寬鬆、設計高雅、高質感的服裝。你非常注意自己的外表及體型，會打理好儀容。擁有獨特的氣質，乍看之下有些難親近，其實個性比外表給人的印象更加親和。

★**相處方式** 》跟「命運數22」相處，不能只靠一招或同一種模式。深不可測的他，同時兼具認真務實的特質、追求夢想與情懷的理想主義，以及遠勝旁人的領袖魅力。跟這樣的人來往，基本上只要禮數周到即可。不過，當他任性又自我中心的那一面出現時，可能會為了一點小事突然暴怒。

此外，當他一旦沉浸在個人的情懷裡，無論旁人怎麼阻止都聽不進去，只會不管不顧地朝著夢想直線狂奔。如果想要好好活用他大格局的領袖魅力，就必須幫他把視野擴展至全世界。無論如何，面對這樣的人，一定要有「這個人看似正常，其實是個超級大怪咖」的心理準備，用更靈活的思維和心態來應對。

★從命運數看契合度

○良好 …「6」「11」

你的好惡分明，能夠配合這樣極端的個性，溫柔地包容你，具備優異平衡感的人，與你最合得來。乍看之下個性認真的你，偶爾會露出截然不同的一面，此時還能夠處變不驚配合你的人應該不多。

✕需要努力…「4」「5」「22」

身為熱愛談論夢想的浪漫主義者，你不擅長跟只重視現實的人相處。此外，你是那種「只許州官放火，不許百姓點燈」的人，你自己可以任性，卻不允許別人活得隨心所欲。與同為「22」的人在一起，就像一個國家不能同時有兩個國王（女王）那般，你們會視彼此為競爭對手，絕對無法避免衝突的發生。

的名人

坂本龍馬、岡本太郎、大島渚、田中邦衛、仲代達矢、立川談志、館廣、岩城滉一、佐田雅志、石橋貴明、惡魔閣下、吉米大西、博多大吉、達文西、黛薇夫人、加賀眞理子、岡本綾子、黑木瞳、石野眞子、松田聖子、增田明美、小池榮子、吉田有里、瑪麗·安東妮

命運數 33

格局宏大，無人能及
性格古怪的「大愛奉獻者」

★**基本資質**≫簡單來說，你是一般常識無法通用的「超級怪咖」。瞄準全球規模的重大變革期來到這世上的你，前世說不定是外星人呢！一旦回想起自己來到人世前發下的重誓，你的意識和愛將擴及整個宇宙，宛如菩薩般完全不求回報，無私分享你的大愛，成為促進全人類覺醒的「大愛奉獻者」。你認為人類的和平就是自己的幸福，願意奉獻自我，只求成就大願。像這樣常人模仿不來的生存之道，能夠影響許多人，成為眾人的模範。

你自小就覺察到自身擁有的神祕力量，肉眼看不見的靈性世界對你而言，是再自然不過的存在。如何活用這樣的稀有才能，是你人生最大的課題。

★**注意事項**≫「命運數33」的生存之道難度極高，建議你也可以參考兩個3相加之後得出的「6」的生存方式。你總是不自覺地選擇比較艱辛的環境，自幼成長的家庭環境也較為複雜，過得相當辛苦。由於常人的思維在你身上行不通，旁人無法理解這樣的你，導致你總是顯得與周遭格格不入。你不擅長處理一般事務，應對現實問題的能力極弱，不但是個路癡，還不守時、金錢方面大而化之、人際界線模糊，也不重視金錢與性愛。我行我素的你，只做自己喜歡的事。這樣的你可能會在三十三歲那年面臨人生的重大轉機。一旦迷失「成為無私的大愛奉獻者」這個重要課題，你的人生道路將布滿荊棘，最後只能以「怪咖」結束一生。

★個性 ≫ 心地善良的你，是性格開朗穩重的慢郎中。你具有強大的包容力，對年幼的孩子、所有生物，甚至是大自然，都會投注無私的愛。與眾不同的獨特世界觀，讓你絲毫不去理會周圍的雜音。你自認平凡，思維與生活方式卻突破世人眼中的常識框架，導致你被貼上「怪咖」的標籤。

生性樂天的你不在乎小事，更是經常忘東忘西。即使是聽過多次的人名或曾去過多次的地點，依舊轉頭就忘得一乾二淨。平時很少發怒的你，看到不公不義卻會極度憤怒。由於熱切盼望世界和平，看到現實世界中的戰爭與饑荒會痛心不已，甚至忍不住心疼落淚。你待人體貼，能對他人的歡喜或悲傷感同身受。即使曾因過度同情他人吃了不少苦頭，卻總是學不乖，完全學不到教訓。

★**工作** 》由於世人的常識在你身上完全行不通，無論做什麼工作，你的工作成果都很極端。不是做出優異成績，就是一事無成。你無法欺騙自己，也不懂得對人說謊，因此旁人對你的評價也很兩極。你必須體驗各種工作，歷經無數次轉職，才能找到自己願意窮盡畢生的工作。

無論從事哪一種工作，你都無法跟肉眼看不見的超自然世界或靈性世界切割。發現自身的才華和使命，找到屬於自己的「天職」，是你人生最大的課題。即使你在工作上大受好評，經濟狀況也很富足，只要一回想起自己的使命，就會果斷拋下所有的地位與名聲，勇趕挑戰促進人類覺醒的天命。

★**適合職業** 》在超級怪咖的你眼中看來，職種「是否適合自己」並不重要。硬要說的話，你適合從事醫療或志工、和平活動之類國際化的志願服務，或是發揮自身的神祕力量，成為作家、演說家或是精神領袖。此外，治療師、靈媒、諮商師等療癒系工作也不錯。由於你的使命是影響眾人，也可以從事演員、藝人、音樂家等演藝工作。其實，無論做哪一種工作，成為一個「無私的大愛奉獻者」，促進世人的覺醒，才是真正適合你的工作。

★財運 ≫ 你擁有極佳的財運，完全無須為了錢而煩惱。不過，你的理財能力近乎於零，最好把錢交給值得信賴的第三人管理。你這個人有多少錢就花多少，沒錢依舊可以笑著過日子，甚至不惜投入大筆金錢學習感興趣的領域。

你擁有活用自身的才華賺大錢的能力，卻沒有儲蓄的觀念。一旦看到他人有難，即使是不認識的人，也會毫不猶豫地資助或借錢給對方。財運的起伏相當劇烈，無論賺錢或花錢都是既極端又闊綽。對你而言，完全不在乎錢過日子，才是讓金錢循環最好的方式。

★戀愛 ≫ 你擁有多副面孔，這一點也會表現在戀愛上。你能根據不同的人分別使用不同面孔來配合對方，因此從來不缺對象，是戀愛經歷頗多的「多情種」。

你愛上一個人往往只憑直覺，毫無理智可言，談的戀愛都很戲劇化。像是私奔、悔婚、在轟轟烈烈的戀愛後離婚、與年齡差距大到能當親子的對象談一場世俗難容的驚世之戀。由於你熱愛跌宕起伏的的刺激劇情，可能會選擇將自己逼入絕境的危險對象。即使終生不婚，你也總是在戀愛，無論男女都很難只著守一個對象過日子。

★SEX ≫ 這個數字的人不論男女，在性愛方面都很開放，無法想像沒有性愛的人生。你的性愛觀相當獨特，尋常與不尋常之間的界線極為模糊。由於對性愛一事並不是特別重視，基本上百無禁忌，什麼都能玩。你能配合對方擺出不同的面孔，不管哪一種性愛都能應付自如，樂在其中。你只要能對眼前的對象投注愛情，無論那個人是誰，你都能和對方做愛，也有可能同時愛上好幾個對象。潛力無窮的你甚至無需肉體方面的性愛，也能夠感受到極致的高潮。

★**婚姻、家庭生活**》老實說，你不是那種乖乖待在家庭裡的人，甚至有可能重複結婚和離婚多次。個性居家的你為人溫柔，孩子年紀尚小時會非常疼愛小孩。顧家愛家的你會成為「好丈夫、好父親」或「好妻子、好母親」，扮演好自己在家庭中的角色。不過，你不會將自己侷限在家庭裡，終究會把大愛散播出去。看在家人眼中，可能會忍不住抱怨：「為何要犧牲家人做到這種程度……」但對你而言，區分「家人」與「家人以外的人」，才是既不自然又困難的事情。即使終生未婚，你也不會孤獨一輩子，因為你跟任何人都能很快就混熟，宛如長年一起生活的家人那般相處，擁有極為特別的人格特質。

★**健康**》整體而言，你的健康狀況很不錯。不過，孩提時期或年輕時的你體弱多病，不是身患重病，就是遭遇精神大受打擊的事情，或是被捲入意外事件身負殘疾，造成你的心靈創傷，但同時也讓你回想起自己的使命。雖說你不是非得經歷這樣的重大事件，才能發現自身的使命，但因為你很容易經歷極端的事件，還是要多加小心。所幸你本人不會太嚴重看待自身的疾病或意外，而是會將那些事情視為自己的特色或寶貴的經驗，因此周遭的人無須太過擔心。

★**興趣** ≫「興趣、工作和家庭的界線模糊不明」正是「33」的特徵。硬要說的話，助人就是你的興趣。你的好奇心旺盛，凡事都想親身體驗，在自己感興趣的領域花錢更是不手軟。反之，對於自己不感興趣的領域則是一無所知，兩者的差距非常極端。你可能會對一般人視為「興趣」的娛樂活動不感興趣，容易被奇特的世界吸引，對於冥想、氣功、瑜珈、占卜、療癒、通靈、外星人、特殊療法等主題的研討會或相關商品尤其感興趣。

★**外表、印象** ≫不同於初次見面給人的溫柔穩重印象，你的內在其實極為複雜，是個超級怪咖，充滿個性的強烈風格正是你的特徵。服裝方面，你能配合時間、地點與場合，從前衛時尚到簡單樸素，完美駕馭任何風格。尤其當你發現自己身為「33」的命運和才華之後，會給人完全不同於以往的印象，彷彿變了一個人似的。你的生活方式會變得更有個性，外表反而比以前更加普通、簡單。原本只是個怪咖的你，一旦覺察到自身的命運，就會成為包容天地萬物的菩薩，散發不求回報的無私大愛。

★相處方式≫跟「命運數33」相處的訣竅其實很簡單，就是「放任不管」。試圖用「常識」去拘束或馴服他，彼此之間容易發生衝突。包容「33」與生俱來的怪咖個性，接納他原本的樣子，而不是否定他，彼此都能活得更輕鬆。其實只要遵守社會最底線的基本規則，無論做什麼都是個人的自由。你眼中無法容許的事，其實只是「你」禁止的事，以你的標準去責備或批判不吃你那一套的「33」，根本沒有意義。要將「33」視為「我行我素的任性傢伙」還是「隨心所欲的自由人」，決定權在你手上。「命運數33」的任務，正是協助你反映出自己內心的「是非對錯」。

★從命運數看契合度

○良好　…「7」「11」「33」

明知你是個超級怪咖還願意與你來往的人，應該也是個怪咖吧？尤其「7」是少數能夠理解「33」的人，個性雖然頑固又愛講道理，卻能補足「33」所缺乏的現實常識，彼此的契合度極佳。

×需要努力…「4」「8」「9」

跟你討論金錢或商業這些基於一般常識的判斷或利益得失，根本行不通，這會讓「4」和「8」不知該拿你如何是好。此外，最重視與周遭協調關係的「9」恐怕也很難接納你。由於你根本無法乖乖待在他的常識框架，「9」應該不想與你深交。

命運數33的名人

野口英世、松下幸之助、濱口平吾、齋藤一人、井上陽水、池洄慎之助、三浦知良、福山雅治、反町隆史、乙武洋匡、矢部太郎、市川海老藏、江成和己、佐藤健、羽生結弦、愛因斯坦、法蘭西斯·柯波拉、席維斯·史特龍、黑柳徹子、柴門文、山口百惠、吉本芭娜娜、岸谷香、菊池桃子、鈴木京香、優香、安達祐實、荒川靜香、中島美嘉、紗榮子、石原聰美、堀北眞希、能年玲奈

「命運數 33」是西元 2000 年後幾乎不會出現的「瀕臨絕種動物」？

「命運數33」是「葉月生命靈數」最大的特色之一。這是傳統的「卡巴拉生命靈數」中不曾用到的特別數字。在以往，將出生年月日的個別數字相加之後，也極少得到「33」這個數字。自西元1950年起，「命運數33」的人才開始增加。即使如此，統計上「命數運33」僅占全體人類的5%左右，非常罕見。看準時代的變革時期而生的「命運數33」，可說是「期間限定」的卓越數（大師數）。

實際上，西元2000年後最近的「命運數33」出生日僅有「2029年9月29日」這一天，下一個出生日則是「2038年9月29日」。也就是說，進入西元2000年之後，長達四十年間，僅有這兩天出生的人是「命運數33」。「命運數33」在西元2000年以後簡直是瀕臨絕種的超級稀有動物。正因如此，透過本書得知自己是「命運數33」的人，若想發揮自己「超級怪咖」的生活方式，就只能把握時機趁現在。別去在意世人所謂的常識或旁人的目光，盡情活出真正的自我，隨心所欲地過活吧！

第3章

代表你的未來、人生目標及課題的「使命數」

何謂「使命數」？

這個數字代表的是你今生應該挑戰的目標、給自己的課題、要完成的使命。

在「葉月生命靈數」中，使命數是你今生想要抵達的人生目標，將「出生月日」的數字相加後，可以得出「1～9」和「11」十個數字。「使命數」代表「自己內在所缺乏的東西」，由於是自己天生缺乏的東西，你雖然覺得棘手，卻仍勇於挑戰不擅長的領域，將其視為「人生的目標、今生要克服的課題」。此外，「使命數」又意味著雙親交付給你的「命運接力棒」，年輕時的你可能會覺得那是沉重的負擔。

不過，「使命數」並非神明、祖先或父母給你的功課或考驗，也絕非無法逃避的重擔。「使命數」並不是「非做到不可」的責任，而是為我們的後半生帶來成就感和生存價值的人生課題。

重點在於你必須覺察「使命數」所代表的人生課題、未來方向，同時明白自己並不是非得在有生之年達成「使命數」的課題。

[使命數的計算方法]

將「出生月日」裡的個別數字相加，直至得到一位數為止。不過，數字相加後若得出**11**，則無須再相加，「使命數」即為**11**。

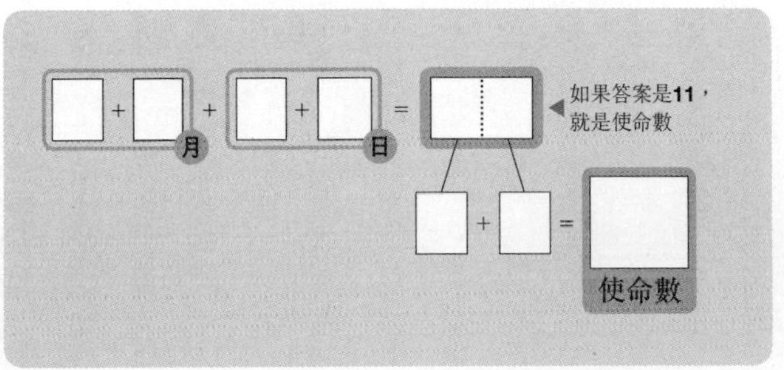

Examples

例1

0 + 3（月）+ 0 + 3（日）= 6（使命數）

例2

0 + 9（月）+ 2 + 9（日）= 2 0

相加後的數字是二位數，因此再相加至一位數

2 + 0 = 2（使命數）

例3

1 + 2（月）+ 0 + 8（日）= 11（使命数）

此時無須再相加，「使命數」即為**11**

使命數 1

負起責任做決定
成為自己人生的主導者！

★今生的目標、課題 ≫ 你今生的課題是「自己做決定」，不再將人生的決定權交由他人。對自己的抉擇抱持信心並負起責任，就是你的人生課題及使命。這是否代表你平時非常優柔寡斷呢？你是否容易遇事迷惘，經常被他人的意見左右，有依賴他人的傾向呢？正因如此，你才刻意選擇「挑戰成為領袖」、「發揮領導能力」作為今生的課題來到這世上。

在挑戰「成為領袖」之前，你必須先對自己的人生發揮強大的主導力。明白「別人是別人，自己是自己」的道理，練習自己做決定、自己開拓道路、貫徹自己的生存之道。如此一來，擔任領袖的任務，總有一天自然會來到你面前。

★容易陷入的傾向 ≫ 你不喜歡受人注目，更偏向於想要隱藏在人後的類型。你不擅長表達己見，也不想負責任，既不想出人頭地也不想獨立創業。總是在觀望周遭的氣氛及情勢，容易隨波逐流，對自己做的決定缺乏信心，為此悶悶不樂感到後悔。由於你對領袖有某種強烈的憧憬，對於符合自己理想的領袖，會絕對地心悅臣服，對於不符合自己理想的領袖，則有可能反過來在背地裡扯後腿，反應相當兩極。突然要你成為領袖，只會害得你被壓力壓垮。找到自己能夠尊敬的領袖，待在對方的身邊學習如何領導眾人，摸索出屬於你自己的領袖形象吧！

★未來的方向》「發揮自己內在的男性特質」是你未來的課題之一。具體來說，就是「自己做決定，並對這個決定負起責任，發揮對自己人生的主導力」。為此，你必須經常對自己提問，傾聽內在的真心話。察覺自己真正的想法之後，就別再去在意周遭的目光，停止再當老好人，勇敢表達自己的意見，明白告訴對方：「討厭就是討厭！」「喜歡就是喜歡！」

沒有足夠的實力卻硬要挑戰當領袖，只強調自己男性特質中負面的部分，可能會讓你成為一個自大、任性、傲慢、一心只想掌控他人的獨裁者，小心別像〈國王的新衣〉裡的國王那樣，遭到周遭的所有人孤立。別總是被旁人的意見影響，請先對自己的人生發揮你的主導力吧！

★人生下半場這樣過》人只要超過兩個聚集在一起，肯定需要一個主導者。因此，最好別一個人獨居過活。夫妻二人的世界雖然也不錯，建議你還是盡量多跟人來往，尤其是在人生的下半場。主動前往人群聚集的場合，在那裡挑戰領袖或主導者的角色吧！剛開始也許需要勇氣才能做到，你可以試著自己組團旅行，或是積極舉辦小型派對或聚會，主動擔任活動的主辦人。搬進共生公寓，或是擔任自治會的總幹事也不錯。在與眾人交流的過程中，學習並培養領導的能力，就是你後半生的人生課題。

★克服不擅長領域的要點 ≫比起散步或打電動這類可以一個人完成的興趣，建議你參加團隊運動或合唱團這類和夥伴一起合作的活動。此外，日常生活中也要經常練習「自己做決定」。不要被旁人的意見左右，凡事自己做決定並採取行動。例如，大家一起去餐廳吃飯時，當那個最先點餐的人。一旦做出選擇，就不要再跟他人比較，也別後悔。即使是日常生活的小事，也能培養你的決斷力、領導力，以及開拓人生的能力。

使命數 2

轉居幕後人員
體會「開發他人才華」的樂趣！

★**今生的目標、課題** ≫ 你的實力已經得到眾人的認同。不過，並非只有待在鎂光燈下的人生才是美好、有價值的。「使命數2」代表你必須明白自己今生的目標或課題，就是「別只顧著自己一個人出風頭，有時也要克制自己的意見，多傾聽周遭的聲音，為了他人而努力」。

一直以來，你得到許多人的幫忙與支持。接下來，輪到你協助曾經照顧過你的人們，回報眾人的恩情。實力超強的你若轉居幕後，從事輔佐工作或擔任製作人，肯定能幫助其他人得到關注，提供更多人發光發熱的機會。

★**容易陷入的傾向** ≫ 刻意選擇「輔佐角色」作為人生的使命，代表真正的你其實愛出風頭、喜歡受到關注，對吧？因為喜歡被人吹捧、受到矚目，你也許會對成為不起眼的幕後人員這件事感到抗拒。由於聽不進別人的意見，你容易固執己見、唯我獨尊。明明心中有感謝之意，也會因為自尊心過強，無法向對方坦率說出：「謝謝。」「非常感謝你！」「真是幫了我大忙呢！」你是否不擅長肯定他人的優點，也不太習慣誇獎人，性格較為倔強呢？如果是這樣，與其勉強自己退居幕後，活用自己擅長的領域與其他人一起創造成功，也不失為一種輔佐他人的方式。

★未來的方向 》「解放自身的女性特質」就是你未來要努力的方向！這一點跟你「轉居幕後輔佐他人」的使命也有關。不過，輔佐也有各種形式，如果認定所謂的「輔佐」就是「配合他人」、「非幫上別人的忙不可」而勉強自己，只會苦了自己也苦了他人。過度在意這個使命，容易造成你老是看別人的臉色、過度在意對方的反應，因此變得畏畏縮縮。這麼一來，你反而無法幫上任何人。不論你是男是女，都要先認同自己內在的女性特質，承認自己也有弱點。在這樣的自我認知下，試著以製作人的身分，感受支持人才、孕育人才、培養人才的喜悅及箇中樂趣吧！

★人生下半場這樣過 》想要「幫助他人」的你，反而容易出現依賴的傾向。照顧他人、受人倚賴這件事，如果反而讓你變得依賴對方，那就是本末倒置了。因此，協助他人也要懂得適可而止。你應該珍惜與自己獨處的時光，保留時間好好慰勞自己。唯有自己先得到療癒和滿足，你才能溫柔對待他人。

「在自己想要幫助人的時候，幫自己想幫的那個人，做自己想協助對方的事」，像這樣「有些任性的協助」剛剛好。如此一來，你自然可以遇到讓自己發自內心想要輔助的「出色領袖」或「出色藝人」。

★克服不擅長領域的要點》你要注意的是，不要過度依賴「幫助他人」這件事。當你卯足了勁要協助他人，結果就只能吸引那些凡事只想倚賴別人幫忙、自己卻不肯先付出努力的人。「幫忙」的重點應該在於「靜待時機」。不擅長等待的你，總是在對方尚未求援時，就先忍不住插手、開口，甚至是出錢。即使有人看起來需要幫忙，在對方主動向你尋求協助之前，都不要貿然出手。別急著催促對方，只須「靜待時機」即可。這是你達成今生使命，成為一個輔佐者必須克服的重要課題之一。

使命數 3

用孩子般的純真盡情享受你的人生吧！

★今生的目標、課題》你今生的使命就是回歸「童心」！不是隨著年齡增長成為成熟大人，而是年紀越大越要找回孩童般純粹的好奇心與天真，盡情享受人生，這才是你的人生課題及目標。你是不是把人生想得太過困難呢？勉強自己佯裝成大人，只會讓你覺得疲憊、煩躁不堪，在外扮演出色的大人，等回到家後才對最親近的伴侶或家人露出任性或孩子氣、愛撒嬌的一面。

你是不是覺得絕對不能給別人添麻煩呢？其實，人與人之間本就是彼此麻煩、互相幫忙。你可以再放鬆一點，活得更自我、更真實。用更簡單的心態樂在生活，聽從自己的心聲暢享人生，才是你今生的課題及使命。

★容易陷入的傾向》現在的你應該一直壓抑著自己「孩子氣」的一面，竭力扮演懂事明理的「大人」吧？深諳人情世故的你，很在意旁人的眼光，應該非常抗拒像個孩子那樣任性妄為，做事全然不顧後果，只憑著好奇心行動吧？因此，當你看到孩子氣的人，或是活得隨心所欲的人，在心生羨慕的同時，也會嚴厲譴責他們。重視常識追求穩定的你，會為將來做好準備努力存錢。務實的生活方式固然不錯，若不在有生之年把握時間做自己想做的事，盡情享受「當下」，等你回到另一個世界後，可能會後悔莫及。

★**未來的方向**≫承認自身「孩子氣」的一面，療癒自己的內在小孩是你未來要努力的方向。不要覺得「成熟明理的大人是好的，隨心所欲的孩子是不好的」，根本沒這回事！每個人的心中都有一個孩子，千萬別否定這一點，承認自己也有這一面並加以活用，才是真正的重點。因此，別讓過去和未來束縛了你，盡情享受當下這一刻吧！

除此之外，學習「放鬆與享樂、天真無邪的童心與任性妄為的孩子氣之間的差異」，也是你今生的課題。人們並不是「因為開心才笑」，而是「常保笑容才有愉快心情，人生才會更開心」，謹記這條法則，增加歡笑的時間，盡情解放你的童心吧！

★**人生下半場這樣過**≫即使年歲增長仍保有一顆追求新知的好奇心，正是常保年輕的祕訣。重點在於，年紀越大越要保持赤子之心。不要老是待在家裡，經常外出追求全新刺激，持續挑戰新事物，讓自己動起來吧！你也可以幫忙照顧孫子，或是請年輕人教自己新東西，多和能量充沛的孩子及年輕人們積極交流。養小動物也是不錯的選擇。此外，前往未知的土地旅行，跟素未謀面的人們交流也很棒。總之，對所有事物抱持興趣就對了！充分活用五感，刺激你的好奇心，累積各種全新體驗，能讓你的人生後半場過得更愉快。

★**克服不擅長領域的要點** 》重點在於「別思考」，將重心放在「多感受」吧！不妨挑戰讓大腦放空的運動或舞蹈，或是唱歌、樂器演奏之類的動態興趣。也可以多聽搞笑或相聲，在日常生活中加入搞笑的元素。每日大笑一次，肯定可以更刺激你的童心。此外，重拾兒時的興趣、運動或才藝，挑戰孩提時期想嘗試卻沒機會實現的夢想，或是重新挑戰之前中途受挫的才藝也很棒！

別再半途而廢
為你做的事留下紀錄吧！

★今生的目標、課題 》「做事持續不懈」、「堅持完成任務」、「為自己做的事留下具體可見的成果」是你選擇的今生使命。因此，你容易有「非這樣不可」的堅持。你是否經常用「好壞」或「對錯」這樣簡單的二分法來判斷事情呢？越是拘泥於「正確」，眼前的「錯誤」就越是會被放大。

與其追求「正確的生活方式」，不如將目光放在「開心的生活方式」，用所有人都能看得見的形式留下你的人生軌跡。不必執著於「非這樣不可」的強迫觀念，而是專注在每件小事並且樂在其中，將這樣的生活態度透過有形的作品保留下來，正是你今生的目標及課題。

★容易陷入的傾向 》生性認真的你是不是覺得「凡事必須盡善盡美」，時常流露出認真魔人的一面？這樣的你反而會被與自己截然不同、甚至是違法的生活方式吸引，心生憧憬，就此遠離正道。這樣的反向效應其實源自你對「沒做好的自己」的焦慮，其中也有懲罰或報復自己的含意在內。雖然有心想要做好，最後卻半途而廢、敷衍了事，或是無法妥當善後，做任何事都無法持久。之所以會半途而廢，或許是因為你設定的目標門檻過高。剛開始不要一心追求盡善盡美，也別只盯著自己「做不到」的事，先從認同自己「做得到」的事做起吧！

★未來的方向 ≫ 「持續」就是你將來要努力的方向。由於太要求完美，你很容易遭受挫折。過度追求完美會讓你因為無法達成目標而責備或處罰自己，並以同樣的超高標準苛求身邊的人，怪罪那些無法做到的人，這一點務必要注意。別總想著一定要「做到好」、「做到完美」，不妨將你的注意力放在「留下作品」吧。舉例來說：寫日記、持續更新社群、畫畫、燒陶、攝影、寫書、蓋房子、種菜。以旁人也能看得見的形式留下紀錄，一點一滴持續累積作品。就算只是小事，只要努力不懈地做下去，肯定能在將來的某一天實現夢想。

★人生下半場這樣過 ≫ 人們在人生的最後一幕即將來臨之際，或許會想要留下「某些東西」。雖說有形體的東西終有一日會毀壞，但不可否認的是，許多事物正因為擁有形體才得以留存。

用眼睛看得見的形式留下自己曾經活過的證明，就是你的使命。因此，無論做什麼事都要有始有終，刻意為自己留下紀錄。即使是日常生活中微不足道的小事也無妨，例如：拍下晚餐的照片、幫孩子或孫子寫成長紀錄、寫旅行日記，或是蒐集實體物品。雖說這些只是小事，日積月累下來，你的「想法」也能成為具體可見的作品留存於世。

★**克服不擅長領域的要點**》你的使命不是「記憶」，而是留下「紀錄」。因此，做事不可半途而廢，就算是小事也要有始有終。經常提醒自己確實完成每一個行動，接著再進行下一個，中途不要分心改做其他事。另外，你的目的是「留下有形的成果」，所以別去評價成果的好壞優劣。這是你自己的作品，無須與他人比較，硬要分個孰優孰劣。請記住，相較於在意「作品的好壞」，重視「作品的產量」，累積數量才是最重要的事。

使命數 5

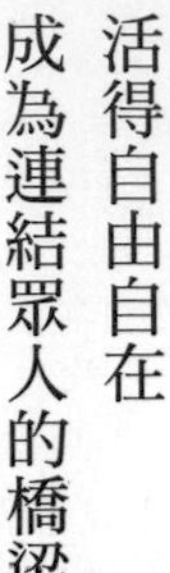

活得自由自在
成為連結眾人的橋梁！

★今生的目標、課題 »» 學習「自由與任性的差異」，是你今生要挑戰的目標與課題。為了明白「自由的真義」，現在你才讓自己處於不自由的環境，先體驗「不自由」的滋味。一心想要追求變化的你，是否因為害怕改變，才緊抓著眼前的「安定」不放呢？不管再怎麼努力想遠離變化，人只要活著就絕對無法避免變化發生。只能從「自己主動改變」或「被外界強制改變」二選一。「自由＝不安定」、「不自由＝安定」，自由與安定是相反的兩件事。

唯有憑著自己的意志捨棄「安定的不自由」，選擇「不安定的自由」，飛向全新的世界，你才能真正理解「自由」與「任性妄為」究竟有何不同。

★容易陷入的傾向 »» 你是否因為害怕自由，總是試圖逃避呢？籠子雖然不曾關上，你卻將自己關在名為「安定」的鳥籠裡，不願離開呢？如果無法下定決心飛離舒適圈，就無法挑戰你的真正使命——成為連結繫眾人的溝通橋梁。你是不是為了追求安定，才如此畏懼改變呢？明明已經確認過眼前的事情沒什麼風險，卻仍不敢嘗試呢？是否必須花很長時間才能做出決定，動作非常慢呢？明明想與更多人結緣，卻因為不擅長表達自己的心情，導致彼此溝通不良被誤解呢？以上的煩惱其實都是你為了完成使命給自己出的課題，必須覺察到這一點才行。

★未來的方向 ≫「學習人際關係」是你未來要努力的方向。想在人群中自由自在地活著，就必須擁有「被討厭的勇氣」。你無須受到所有人喜歡，實際上也不可能真的做到這一點。為有緣的人架起連結的橋梁，是你身為溝通者的任務，但你無須勉強自己替沒緣分的人牽線。為雙方牽完線，後續就交由他們自行發展吧。你必須理解到，之後的發展並不在你的責任範圍內。

當你的物理移動距離越長，就代表你越接近自己的使命。沒必要被綁在固定一處，可以選擇同時擁有兩、三個據點的生活，或是居無定所的游牧生活。養成隨時移動的習慣，有助擴展你的人際關係，並擴大你的自由。

★人生下半場這樣過 ≫由於你的潛意識中渴望安定，突然要你做出巨大的改變，可能會害得你因為恐懼而無法動彈。建議可以先練習每天在日常生活中加入一個小改變，例如：改變妝容、改變髮型、改變通勤路線、改變飲食型態。無論什麼都好，每天刻意挑戰一個「小小的改變」。你必須明白，改變的契機往往來自於人。所以，請盡可能前往可以結識新朋友的土地。就算只有一人也好，試著結交新朋友與人交流吧！這些小小的改變或緣分，終有一天也許會成為有助你展翅飛向自由藍天的關鍵。

★**克服不擅長領域的要點**》自由最重視的就是速度。請培養「一想到就立刻行動！」的習慣。如果突然想起某個人，不妨立即聯繫對方。透過簡訊或社群網站的話，就無須在意聯絡的時間。聯絡一個人不需要理由，倘若給對方帶來困擾，當下立即道歉即可。別再猶豫不決，順從你的直覺馬上行動，肯定會有意想不到的幸運和全新發展在等著你。持續執行與自身使命有關的「速斷、速決、速行動」，超乎想像的有趣世界將就此在你的眼前展開。

使命數 *6*

對所有人散播不求回報的「無償之愛」！

★**今生的目標、課題**≫探求「何謂無償之愛？」是你給自己的人生目標及課題。與「家人」的關係是你非常重要的課題，倘若你是一個母親，更是如此。你是否曾經利用自己身為母親的立場，向孩子及家人「強迫推銷」你的愛呢？即使那是你擅自主張做的事，仍會對家人抱怨：「我為你付出了這麼多……」要求對方回報自己呢？這應該不是真愛，而是偽善了吧。先滿足自己對愛的需求，之後如果仍有多餘的愛溢出，那才是真正的「無償之愛」。

「我都是為你好」的想法，最終只會演變成支配和控制。重點應該是「付出的當下，你是否打從心底覺得開心愉悅」。當你連自己曾經做過這件事都忘記，可以做到「做過就忘」，你今生的使命「無償之愛」就會自然流露。

★**容易陷入的傾向**≫今生在「愛情表現」這件事上你是個新手，所以無法理解愛的意義，也不擅長表達愛情。但是，就算要當老好人，也該有個限度才對。明明自己才是最渴望「愛」的人，卻總是勉強自己「必須散播愛」，在這樣的想法下做的事，就只是「似是而非的無償之愛」。尤其是面對你最親近的家人，你容易在照顧對方的同時，也將對方視為自己的私有物，甚至試圖控制對方，作為給自己的回報。當你說出「我這麼做都是為你好」，代表你當下正試圖操控對方，必須有所警覺。太過雞婆只會加深自己的執念，而過於強求愛的回報，只會成為對方沉重的負擔，務必要注意。

★**未來的方向** ≫家庭關係的學習是你未來的課題。由於你容易和特定家人陷入牢不可分、互相依賴的關係，要留心別讓自己過於依賴「照顧家人」這件事。即使對方是父母或孩子，也不一定非得要你親自照顧，有時候交給第三者來做反而皆大歡喜。你必須明白，並非只有親自照顧才是「愛」。將你先前關注他人的心力，改為用來關注自己，是你今生的課題。比起「愛人」，「愛自己」更加重要，千萬不要有罪惡感。你能否達成自己今生的使命，取決於可以投入多少「愛」在自己身上，能否先用「愛」滿足自己。

★**人生下半場這樣過** ≫無論再美好的事情，都不能用「非做不可」的心態去做。「使命數6」的你容易一個不小心就過度照顧他人。即使是關係最親近的夫妻或親子，也該區分「別人的人生屬於他自己」，先從這一點做起，不能因為對方是家人就特別對待。讓孩子盡早學會獨立，等他長大離家以後，就應該將對方視為獨立的成熟大人，以對等的態度待他。

等身邊的人無須你費心以後，請把時間用來「愛自己、滿足自己」，像是四處探訪美食、外出旅行，盡情沉浸在自己的興趣裡。人生的下半場就別太過操心他人的事，好好地取悅自己吧！

★**克服不擅長領域的要點**»在散播無形的「愛」之前，建議你先與眾人分享有形的「物品」或「資訊」。無須過於勉強自己，在能力可及的範圍內，即使只是分享一顆糖果，或是在社群媒體發布對眾人有益的資訊也很好。無論是哪一種，重點在於「不求回報」。做自己覺得開心的事提振心情，養成主動分享物品或資訊的習慣，正是分享「無償之愛」的捷徑。

使命數 

就算是小事，也要自己完成
追求身心的獨立吧！

★今生的目標、課題 》「一個人完成事情」、「達到身心的獨立」是你今生的目標及課題。「一個人完成」不代表「任性妄為，孤立自己」，因為這樣只會給身邊的人帶來困擾。老是讓旁人替你收拾問題，就結果而言，只會強化你的依賴傾向，務必要留心這一點。即使只是興趣也無妨，在能力範圍內，多挑戰「不假借他人之手，靠自己完成一件事」吧！不過，千萬別因此敷衍了事、隨便妥協喔！你必須找出自己明確的喜好及風格，活出屬於自己的樣子。不論是心靈或身體，不管在物理或經濟上，維持各方面的均衡，逐步擴大自己可以做到的範圍，有助於你達成今生的使命。

★容易陷入的傾向 》你的課題就是學習「自立與孤立之間的差異」。你容易對他人緊閉心扉，孤立自我。也可能反過來逃避獨立，依賴旁人。女性尤其容易覺得自己沒有能力達到經濟獨立，就此放棄自立。即使不愛對方，也會為了經濟上的安定，勉強自己與另一半扮演「假面夫妻」。

有時明明是你自己不主動跟人交流，卻總是嚷嚷著「沒人懂我」，把氣出在別人身上，關閉在自己的世界裡，或是事情做到一半突然撒手不管。你是否經常一個人自悲自憐，沉浸在悲劇主角的幻想裡呢？最好要注意這個問題。

★未來的方向 ≫「身心的平衡與獨立」是你將來要努力的主題。你是否對自己缺乏信心，過度低估自己的能力呢？建議先從你力所能及的事開始，練習自立。一個真正自立的人，會確實做好憑一己之力可以辦到的事。對於自己一個人做不到的事，也不會勉強硬扛下來，而是懂得將不擅長的事委託給別人處理。邁向獨立的第一步，就是對做不到的事情說「不」，明確拒絕自己辦不到的事。將時間用在自己感興趣的事情上，獨立完成整件事。你的自立心一旦點燃，很快就能跟那些已經自立的人，建立彼此對等、各自獨立的良好關係。

★人生下半場這樣過 ≫重視「與自己獨處的時光」，習慣一個人行動非常重要。即使是夫妻，也別總是黏在一起，偶爾也要各做各的，像是獨自思考或做各種嘗試，例如：挑戰不曾做過的料理、在自家的小菜園裡種菜，其他像是陶藝、畫畫、寫作、手工藝這類可以活用靈感、還能獨自一人完成的興趣也不錯。這裡的「獨自一人」絕對不是要你「孤立自己」。與人分享自己獨力完成的成果或創作，和其他自立的人互相交流，也是你人生下半場的主題。

★克服不擅長領域的要點》先從習慣「自己一個人的時間」開始做起吧！嘗試一個人購物逛街、休閒、旅行，偶爾體驗一下沒有目標的隨意外出也不錯。隨心所欲的一人旅行，應該可以有效訓練你達成今生的使命。剛開始也許會有些微的寂寞或不安，但肯定也有獨處才能享受的輕鬆與自在。

等你發現「獨處」才能享受的樂趣和好處以後，此時與另一半共處又會有不同的感受。相信這樣的經驗一定能成為幫助你達成此生目標的一大助力。

使命數

別老是拿忙碌當藉口
物質和心靈都要更加富有！

★今生的目標、課題 》你今生的目標及課題就是「克服困難，獲得現實的成功，與旁人共享富足」。你是否明明討厭半途而廢，卻經常很快放棄，事情才做一半就撒手不管？或是什麼都想沾一點，反而搞不清楚自己到底在做什麼、究竟為何而努力？追求現實成功的過程中，需要很多腳踏實地的努力。能否不被「物質成功」的表象所惑，踏實、仔細地專注於眼前的工作，就是你要面對的課題。實力堅強的你只要集中能量，成功自然可以手到擒來。能與多少人分享自己豐饒的成果，正是評估你是否達成真正使命的指標。

★容易陷入的傾向 》你很容易對「錢」表現出極端的態度。不是因為貧窮或負債為錢所困，只好天天追著錢跑；不然就是極度仇視金錢或富人，想要逃避現實，躲進與錢完全無關的世界。即使財運不錯，你花錢的方式也很極端，不是在投資、賭博、花錢或是玩樂上奢侈無度，就是一個勁兒地努力存錢。過度執著於金錢與物品固然不好，但把錢視為骯髒、低俗之物也有問題。別被金錢的「有無」影響，追求超越金錢的「真正富足」才是最重要的。

★未來的方向》簡單來說，「學習有關金錢的智慧」是你未來要努力的課題。在三次元的物質世界裡，獲得金錢或物品等肉眼可見的現實成功，是非常有價值的一件事。雖說真正的成功、富有與幸福，與金錢或物質無關，現實社會中金錢和物質可以解決許多問題，的確也是不爭的事實。

藉由金錢連結「另一個世界與眼前的世界」、「看得見的物質世界與看不見的靈性世界」，是你最重要的使命。學習「金錢的真理」，明白「金錢就是能量」，將錢視為無關善惡的純粹能量妥善運用，就是你未來要努力的方向。

★人生下半場這樣過》體會物質方面的富足和豐饒，是身為凡人的我們活在這世上的樂趣之一。例如：品嘗美食、在精品的環繞下生活、體驗頂級服務、造訪世界級美景，允許自己享受活在這世上才能體驗的富足吧！存錢為老年做準備固然很好，但享受花錢的樂趣也不是壞事，錢花完再賺即可，因為這也是你的人生目標之一。藉由金錢體會物質層面的富足，既是活在這世上才能感受到的喜悅，也是相當寶貴的體驗。

如果你能進一步與眾人共享這份富足，相信被你使用的金錢也會感到開心。

★**克服不擅長領域的要點**》將「現實的成功」作為挑戰目標的你，可以先從「靠自己的力量賺錢」開始。例如，在跳蚤市場或網路商店販售自己做的東西，或是教授你擅長的事情收取學費。比起自己一個人孤軍奮戰，跟志同道合的夥伴們一起熱熱鬧鬧地準備，學習做生意的基本功吧！做自己喜歡的工作，開開心心地賺錢，這樣的體驗應該能成為有助你達成使命的最佳學習。

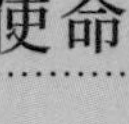

使命數

別用你的「正義」批判他人「內在的和平」比世界和平更重要！

★今生的目標、課題》注重大眾福利，成天想著「我要造福世人」、「希望全人類和平共處」的你，使命感有些太過強烈。以世界和平為目標，為實現夢想而努力固然很好，但強迫別人一定要認同你的價值觀，用你認定的「是非對錯」去批評或責備他人就不對了。「無法造福世人，我就沒有價值！」天天抱持這樣的想法，難道不累嗎？如果你經常責備自己、批判自己，也會這樣責備他人、批判他人。每個人都有「自己的正義」，而戰爭正源自於彼此「正義」的衝突。真正的世界和平不是反戰就能達成，唯有先讓自己的內在和平，才能實現這個夢想。明白這個道理，貫徹這樣的生存之道，就是你此生的目標及課題。

★容易陷入的傾向》「為了造福世人、實現世界和平而努力」的確是了不起的生活方式，但這樣的價值觀也容易導致你的「正義」變得過於強勢。由於知識豐富，你容易用大道理來武裝自己，高舉「正義與使命」的大旗，打著「造福世人」的口號，冠冕堂皇地責備或批判他人。千萬別用你豐富的知識來證明自己的正義，也不要過度依賴「幫助他人、貢獻他人」這件事。這世上並不存在絕對的「正義」，你的「正義」也不一定是「好事」。老是拿你自以為是的「正義」對人說教，試圖藉此命令或是控制他人，這樣的行為會讓你在旁人眼中成為「偽善」的人。

★未來的方向》「探究真理」是你將來要努力的課題。你的使命始於環境問題、能源問題、貧困或歧視問題、糧食問題、貧富差距、戰爭或和平之類社會問題的參與，但這只是你的起點而非終點。找出造成這些問題的「世界構造」，再進一步探究其背後的「宇宙構造」，將你的發現分享給周遭的人，才是你真正的使命。因此，你務必要小心謹慎，別用自己半吊子的知識或自以為是的「正義」，去評斷他人的「是非對錯」。一旦腦中冒出「這樣才對！」的念頭，就必須有所警覺。正所謂「學海無涯」，學習沒有終點，常保虛心學習的態度，才能引領你走向真正的使命。

★人生下半場這樣過》一直以來致力於世界和平的你，看待人生容易過於嚴肅。嚴苛的標準會使你無法容忍他人的不公不義或錯誤，導致眾人對你敬而遠之。致力於和平或志工活動固然不錯，但是作為興趣就夠了。比起造福世人，好好享受自己的人生更重要。千萬別對「享受人生」這件事有罪惡感，或是覺得自己沒有價值，將這些負面想法全都拋到一旁。接納那個「無法幫上別人」的你，放過自己，活得更隨心所欲、更快意人生吧！提醒自己「凡事不要太拚命，開心過日子就好」。在追求「成長」的路上，適當的放鬆更有助於你實現自身的使命。

★**克服不擅長領域的要點**》比起「服務大眾」，你應該優先「服務自己」，先從找到自己的夢想、理想及願望做起。即使要摘下「好人」的面具也無所謂，你必須先讓自己富足、幸福，絕不能在這件事上偷懶。建議可以將夢想和願望寫在紙上，貼在每天看得到的地方，隨時提醒你自己：「優先滿足自己、療癒自己，誠實面對並順從你的願望，先讓自己幸福」。如此一來，你周遭的人也會變得幸福，進一步達成世界和平的大願。

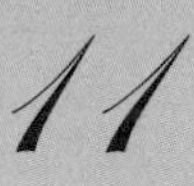

虛心學習無形的世界
向大眾傳達你體悟的真理！

★今生的目標、課題 》「探求看不見的無形世界，將自己體悟到的真理告訴眾人」是你為自己訂下的今生目標及課題。你是否對看不見的世界充滿興趣，卻因為恐懼而故意避開呢？或是沉浸在超自然的世界裡，藉此逃避現實呢？無論你是哪一種狀況，都必須明白「探究看不見的世界既沒有終點也沒有正確答案」。那不是此生可以完成的課題，是延續至來生的使命。因此，你只須照著自己的步調，從容探索另一個世界即可。「看得見的世界」與「看不見的世界」其實是一體的兩面，將「無形世界」的真理運用在「有形世界」，對兩個世界進行高層次的調節與統合，就是你今生的使命。

★容易陷入的傾向 》由於「無形世界」用肉眼看不到，無法在三次元的物質世界中證明。因此你可能會沉溺於「無形世界」的探究，容易被宗教、占卜或超自然的世界洗腦。或是反過來完全不信「看不見的世界」，拒絕相信所有超自然事物，成為極端的唯物主義者。或是在一知半解的情況下，到處散步自己從旁人那裡聽到的新知，這一點務必要留意才是。因為你散布的消息很有可能擴大到你無法控制的範圍，導致你深陷麻煩難以脫身。別總是侷限在「二選一」的框架裡，廣納各種可能，培養靈活的彈性思維，磨練自己的平衡感，有助你達成此生的使命。

★未來的方向 ≫「找出與無形世界共處的方法」是你未來要努力的課題。先從與自己最近的領域開始，例如工作、金錢、人際關係、健康，學習其背後「另一個世界」的法則。關鍵就是經常問自己：「為什麼會變成這樣？」「這樣真的好嗎？」對自己提出根本的問題。

左腦與右腦、理論與直覺，你必須在不同的新知來源之間均衡學習。不要獨享你習得的智慧，活用口耳相傳與社群媒體，將這些新知散播出去吧！擔起責任將重要的知識傳達給眾人，不僅可以加深自己的理解，還能根據周遭人們的反應，進一步淬鍊你先前學到的東西。

★人生下半場這樣過 ≫將「探究無形世界」作為人生目標的你，該怎麼做才能實現目標呢？修行出家？隱居山林？瀑布修煉？拜占卜師為師？這些事情若能讓你感到雀躍，自然是不錯。不過，「看不見的世界」並非遙不可及的「特別之事」。太陽升起、花兒盛開、人們活著……日常生活中隨處都是「無形世界」的奇蹟。將目光轉向自己周遭的事物，細細品味平凡生活中每一件小事所蘊含的奧妙，將你的感性磨練得更加敏銳。仔細感受無形世界在有形世界背後的作用，正是你人生後半場最重要的課題。

★**克服不擅長領域的要點** ≫ 對你而言，達成今生使命的重點在於「承認肉眼看不見的無形世界的存在」。另一個世界究竟是「存在」還是「不存在」，結果將天差地別。即使不甚了解，倘若你以「存在」為前提，自然會發現「存在」的證據。千萬不要懷疑或否定腦中閃現的靈感，或是「難以言喻」的直覺。如果想要鍛鍊感性天線的靈敏度，不妨養成冥想或做瑜珈的習慣，也可以活用聲音或香氛的效果，在日常生活中積極訓練自己的五感。

活用「指導數」的方法

「指導」（mentor）一詞源於希臘神話中的「賢者曼托爾」（Mentor），其含義是「老師、指導者、師傅、範本」。將貼近自己理想的人視為「導師」，向對方學習，就能加速你人生的成長。

在「生命靈數」的世界裡，代表你今生課題、目標的「使命數」又名「指導數」。「使命數」（＝指導數）是你選定的今生目標，「宿命數」代表一個人今生擅長的領域，「命運數」則是一個人的特質。因此，你可以將「宿命數」或「命運數」的數字與自己的「使命數」相同的人，視為你的「模範、樣本」（＝導師）。不過，即使數字相同，也會因為該數字是對方的「宿命數」或「命運數」，而成為你的「白色導師」（＝好的範本）或「黑色導師」（＝壞的範本、反面教材）。

尤其夫妻或親子等關係密切的家人之間，彼此擁有對方「指導數」的案例很多。此外，像是職場中的同事、上司或下屬，或是朋友、知交，以及你喜歡、討厭或在意的對象，也大多擁有你的「指導數」，建議不妨確認一下。

[何謂 指導數？]

「白色導師」＝「宿命數」與你的「使命數」數字相同的人。一般來說，這些人大多會成為你「喜歡的對象」、「好的範本」、「崇拜的存在」。

「黑色導師」＝「命運數」與你的「使命數」數字相同的人。一般來說，這些人大多會成為你「討厭的對象」、「壞的範本」、「反面教材」。

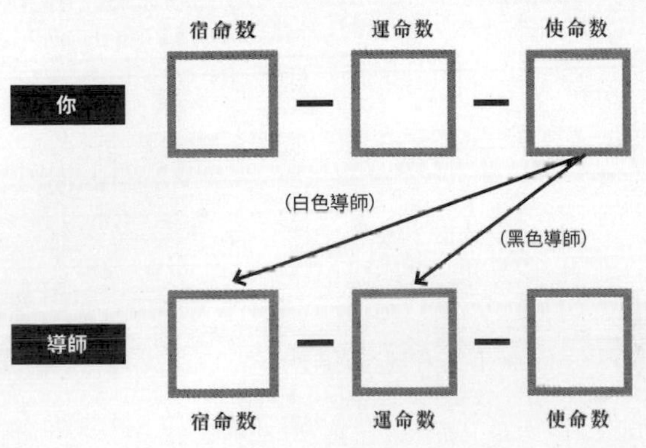

「指導數」參考案例　星野源與新垣結衣

星野源　1981年1月28日出生　PN：1－3－11

新垣結衣　1988年6月11日出生　PN：11－7－8

星野源的「使命數」和新垣結衣的「宿命數」皆是**11**，對星野源而言，新垣結衣就是自己的「白色導師」（好的範本）。

「宿命數、命運數、使命數」三大個人數字的關係與解讀

「宿命數、命運數、使命數」是「葉月生命靈數」中與個人息息相關的三大個人數字。「宿命數」有「1～31」三十一個，可以進一步分類為「1～9、11」十組。「命運數」有「1～9、11、22、33」共十二組。「使命數」有「1～9、11」十組。

也就是說，「宿命數、命運數、使命數」三大個人數字，光是用組為單位來計算的話，就有10×12×10，共一千二百個組合，若是將「宿命數」用三十一個來計算，31×12×10，更是高達三千七百二十個組合。

「宿命數、命運數、使命數」三大個人數字的排列完全相同的機率，最高也只有一千二百分之一，可說是非常罕見。

不過，即使組合多達一千二百種，若是同年同月同日出生的人，三大個人數字的排列自然相同。即使如此，同一天出生的人也不會經歷同樣的命運。

象徵過去（前世）的「宿命數」代表「人生的起點」，象徵現在的「命運數」代表「人生的路線」，而暗示未來的「使命數」則是「人生的目的地」。

不過，即使「起點、路線、終點」完全相同，每個人「當下」身處哪個位置、正看著怎樣的風景、走在怎樣的道路上，依舊是千差萬別。因此，「有多少人，就有多少種人生」這句話的確有道理。

（※下頁將為各位說明三大個人數字的數字重複時，該如何解讀。）

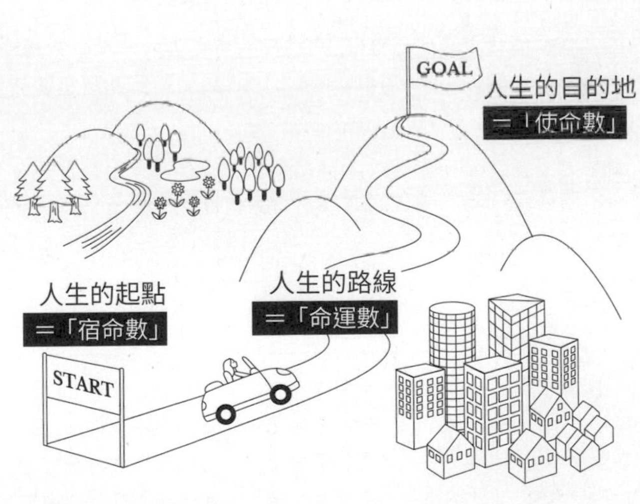

[解讀PN（模式1）]

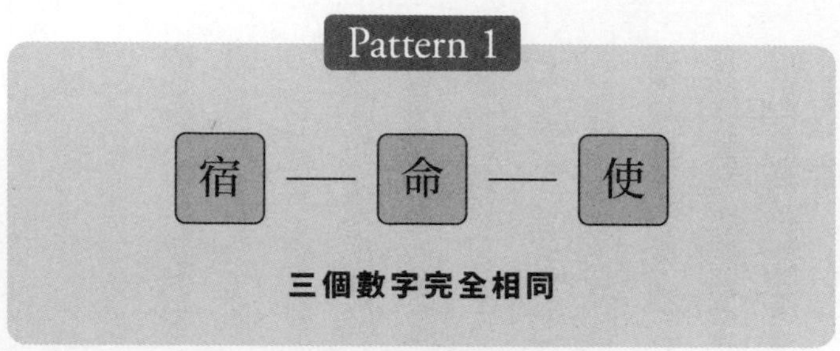

★ 該數字所具備的特性、優點和缺點均在當事人身上相當明顯。

★ 由於只有單一數字，根本無法逃避，在接納自身的數字特質之前，本人會相當辛苦。

★ 只要接納這個數字，自身的才華就能因此大放異彩。

★「宿命數」所代表的擅長領域、「命運數」所代表的才華、「使命數」所代表的不擅長領域，都相當明顯且極端。如何將該數字的特質發揮到極致，將成為當事人一生的課題。

★ 當本人下意識抗拒這個數字，該數字所具備的負面特徵反而會越發明顯，有時候甚至會出現截然不同的特質。

Pattern 1 名人

小澤征爾	**1—1—1**	（1935年9月1日）
赤塚不二夫	**5—5—5**	（1935年9月14日）
麥克・道格拉斯	**7—7—7**	（1944年9月25日）
松坂大輔	**4—4—4**	（1980年9月13日）
朝青龍	**9—9—9**	（1980年9月27日）

[解讀PN（模式2）]

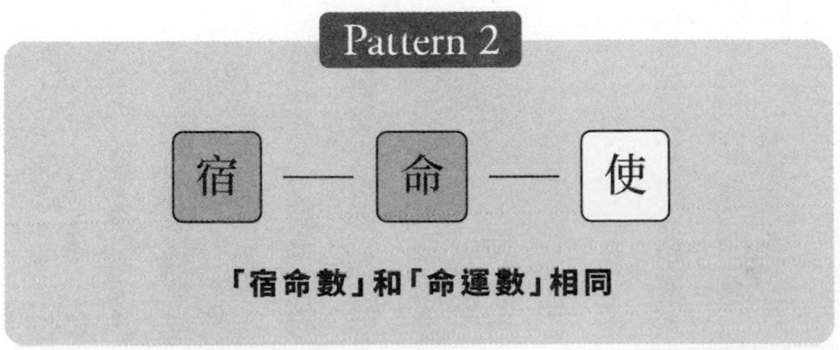

★ 當事人此生最重要的課題是徹底發揮自「宿命數」（過去）承繼至「命運數」（現在）的數字特質。

★「宿命數」和「命運數」相同，代表本人必須將該數字所代表的才華發揮到極致，徹底享受箇中樂趣，並在今生好好做個了結，為這個數字畫下完美的句點。

★ 當事人在別人眼中，是表裡如一、非常好懂的人。

★ 本人對自己的評價和他人對自己的評價，兩者之間有極大的差距。

★ 對於「使命數」（未來）所代表的目標，急於看到結果的話，會讓當事人表現得過於急躁，最好別給自己太大的壓力。

Pattern 2 名人

本田宗一郎	8 — 8 — 1	（1906年11月17日）
明石家秋刀魚	1 — 1 — 8	（1955年7月1日）
裴勇俊	11 — 11 — 1	（1972年8月29日）
松井秀喜	3 — 3 — 9	（1974年6月12日）
大島優子	8 — 8 — 9	（1988年10月17日）

[解讀PN（模式3）]

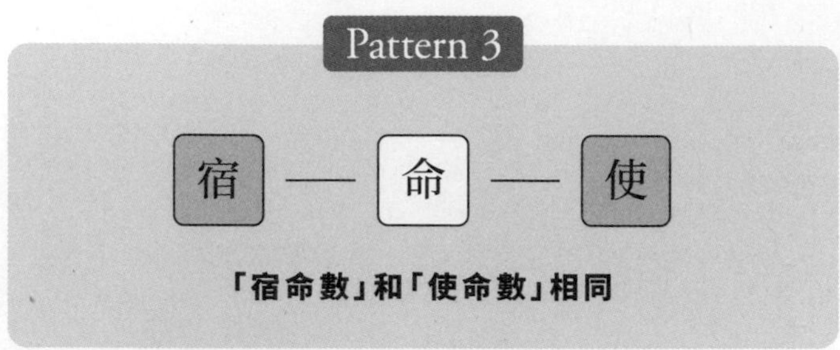

★ 因為「過去」（宿命數）有尚未完成的事，所以「未來」（使命數）想要再次挑戰（9月出生的人幾乎都是這個模式）。當事人在「過去」雖然也曾以登上同一座山頂作為目標，但今生走的路線卻不同。

★ 由於要精進的是「宿命數」本就擅長的領域，容易造成當事人心生厭煩，覺得「夠了」、「我已經很棒了」。

★ 當事人的理想高遠，自我要求非常嚴格。由於內心的想法和周遭的評價有落差，當事人容易產生矛盾與糾結。

★ 加強「命運數」（現在）的特質，徹底活用這份才華非常重要。之所以要這麼做，是為了與數字相同、容易出現極端特質的「宿命數」和「命運數」取得平衡。

Pattern 3 名人

東國原英夫	**7—11—7**	（1957年9月16日）
松本人志	**8—9—8**	（1963年9月8日）
東山紀之	**3—7—3**	（1966年9月30日）
伊達公子	**1—9—1**	（1970年9月28日）
中村獅童	**5—33—5**	（1972年9月14日）

[解讀PN(模式4)]

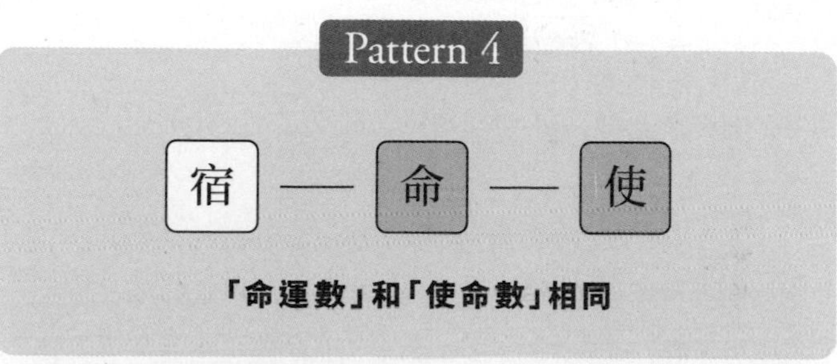

★「命運數」(現在)與「使命數」(未來)相同,代表當事人今生將朝著全新目標邁出第一步。

★ 今生的「命運數」才華,是本人在過去幾世較少經驗的「初學者」才華,這一點非常重要。

★ 在「宿命數」(過去)所代表的擅長領域,與今生要努力的方向之間取得平衡相當重要(但本人必須先徹底發揮「宿命數」的才華)。

★ 當事人容易過度在意「使命數」的目標,「非這樣不可」的執著極為強烈,這一點必須多注意才是。

Pattern 4 名人

三野文泰	**4 — 3 — 3**	(1944年8月22日)
藤井郁彌	**11 — 9 — 9**	(1962年7月11日)
叶恭子	**7 — 8 — 8**	(1962年10月7日)
岡田准一	**9 — 11 — 11**	(1980年11月18日)
妻夫木聰	**4 — 7 — 7**	(1980年12月13日)

「超級戰隊」為何非得是「5人組」不可呢？

只要是男孩子，應該都崇拜過《超級戰隊系列》吧！這類節目源自約半個世紀前，於1975年播映的〈祕密戰隊五連者〉。那麼，《超級戰隊系列》為何能夠歷久不衰？而且，為什麼是五人組呢？從「生命靈數」的角度來解讀的話，我們可以發現一件相當有趣的事。

在生命靈數中，「5」是代表人類的數字，諸如「五體」、「五根手指」、「五臟」、「五感」，人體的基礎就是「5」。而且，數字「5」還能拆分為代表女性特質的「2」，以及代表男性特質的「3」。「5」是包含男女雙方特質的數字，這也是超級戰隊為何一定會有女性成員的理由。

此外，超級戰隊節目中一定會出現的合體機器人，正是「頭・身體」、「左手」、「右手」、「左腳」、「右腳」所代表的「五體」結合而成的人體。也就是說，超級戰隊亦是教導學齡前兒童人體及身體基礎構造的教育節目。此外，《超級戰隊系列》節目之所以能歷久不衰、長達半世紀之久，可能也是因為「五人組」中的「5」正是象徵變化的數字，可以跟上時代的變化。

第4章

「天選之人」才能得到上天賜予的

「天命數」

何謂「天命數」？

「天命數」是在背後支撐你這一世人生整體的隱藏數字，協助我們達成「使命數」所代表的今生使命、人生目標和課題。將「宿命數」、「命運數」、「使命數」三個數字相加直至得出一位數，該數字就是「天命數」。「天命數」不採用由兩個相同數字組成的「卓越數」，只有「1～9」這九組。

「天命數」正如其計算方式，唯有在今生徹底發揮「宿命數」、「命運數」、「使命數」之後，上天才會賦予我們這個數字，「天命」等於是更高一等的「使命」。因此，在人生尚未成熟的階段過早地在意「天命數」，不僅無法活用它，反而會造成自己的負擔，務必要注意。

由此可知，重點在於等「使命數」的方向明確以後，再在人生的後半場發揮「天命數」，「使命數」與「天命數」必須一起解讀、活用才行。正如字面所示，「天命數」是上天、宇宙、神明賜予你的任務，能夠發揮這個數字的才華並完成天命的人，無疑是萬中選一的「天選之人」。一旦「天命數」正式啟動，你就無法抗拒自己的天命，一定要做好覺悟。

[天命數的計算方法]

想算出1980年6月29日出生之人的「天命數」，首先要算出「宿命數」、「命運數」、「使命數」這三個數字。

「宿命數」=「出生日」

2 + 9（日） = 11 宿命數

「命運數」=「出生年月日」

1 + 9 + 8 + 0（年） + 0 + 6（月） + 2 + 9（日） = 35

3 + 5 = 8 命運數

「使命數」=「出生月日」

0 + 6（月） + 2 + 9（日） = 17

1 + 7 = 8 使命數

▼

「宿命數」+「命運數」+「使命數」=「天命數」

宿命數11　命運數8　使命數8

1 + 1 + 8 + 8 = 18

1 + 8 = 9 天命數

＊「天命數」不採用由兩個相同數字組成的「卓越數」，請將答案反覆相加，直至得出一位數為止。

1980年6月29日出生的人，其「天命數」就是「9」。

天命數 

親手開創全新道路
引領眾人前往新世界

★天命的方向 ≫ 上天賦予你的天命，就是靠自己的力量開創全新人生、全新的生活方式。由於你打算走的路，是從未有人走過的全新道路。因此你必須有心理準備，既有的常識、過往的經驗與先人的智慧，全都派不上用場。沒人知道路的前方會出現什麼、接下來會碰到怎樣的狀況。即使如此，你仍把「開拓全新道路」當作自己的「天命」，你的行經之處將成為一條新路。在你之後，許多人將踏上你開拓的這條新路，經由這條路通往全新的世界。成為先驅者，引領眾人前往你開拓的全新世界，正是你要努力的天命。

★天命的課題 ≫ 「不斷挑戰」就是你的課題！你的人生中沒有「這樣就夠了」、「到此為止」這回事。由於你挑戰的是前無古人的事，沒有前人可以參考，只能靠自己不斷嘗試，從失敗中學習，還可能會被世人謾罵：「魯莽！」「沒常識！」這是上天在考驗你的意志，祂想知道「即使如此，你還要繼續挑戰嗎？」即使是小事，你也要憑自己的意志做決定。對發生在自己身上的所有事情，負起全責。倘若沒有這樣的覺悟，恐怕很難達成天命。

★**抵達天命的線索**》「創新」就是幫助你抵達天命的關鍵字。尤其在人生的後半場，必須時刻提醒自己「不知該如何抉擇的時候，就選新的那個！」重點在於刻意選擇新的道路、新的體驗。千萬不可「保守」，「習慣」更是大忌。你擁有選擇的能力，不管活到幾歲，都要保持一顆雀躍的好奇心。只要持續挑戰新事物，你就能開啟通往天命的全新大門。

★**活用天命的方法**》平時讓自己多增加接觸「新上市產品」、「獨一無二」、「限定款」、「原創」事物的機會吧！理由在於，「東西越新，能量越高」。如果需要選擇，就選比較新的那個選項吧。創造這世上獨一無二的事物，就是你的天命。想要活出自己的天命，每天都要如同初生的嬰兒那般，用「第一次」看到世界的新奇眼光，看待這世上的所有事物喔！

天命數

在幕後幫助眾人發光發熱
別人的幸福就是你的幸福

★**天命的方向**≫上天賦予你的天命，就是居於幕後，以幫助他人為樂。自願成為在幕後默默支持眾人的無名英雄，挖掘有緣之人的才華，協助對方煥發他們特有的光彩。上天對你的考驗就是「即使沒人注意到你，就算無法得到任何回報，你是否還能執行自己的天命，並樂在其中」。眼前之人的喜悅就是自己的喜悅，對方的悲傷就是自己的悲傷，將自己與對方視為一體，不分你我，在幕後全力以赴。為了身邊眾人的自由、富足、喜悅及幸福貢獻自我，把「助人」這件事視為自己的快樂，將自身的高度提升到這個境界，就是你選擇的天命方向。

★**天命的課題**≫你的課題是「切忌傲慢」！當你幫助他人或對人們有所貢獻時，很容易心生驕傲自負，覺得「都是因為我幫了那個人」、「我超級厲害！」如此一來，就會要求對方表達感謝或稱讚你，甚至希望獲得金錢或物質的回報。察覺自身這樣的心態，並加以控制，正是你活出天命必須克服的課題。不要覺得「多虧有我幫你」，而是謙虛感謝對方「給我機會為您做事」、「願意讓我幫忙」。能不能貫徹謙卑的精神，常保笑容用平常心協助他人，將是你能否達成天命的關鍵。

★**抵達天命的線索**》「協調、整合」是幫助你達成天命的關鍵字。你的內部同時存在著「光明與黑暗」、「陰與陽」、「男性特質與女性特質」、「積極與消極」這些彼此相反的特質，因此你必須平衡這些矛盾的特質，並做到進一步的協調與整合。重點在於，不是考慮如何「二選一」，而是想辦法「兩者兼得」。別只顧著貢獻他人，偶爾也要好好善待自己。唯有先滿足自己，你才有多餘心力去完成真正的療癒與奉獻。

★**活用天命的方法**》建議你可以先從與自己距離較遠的對象開始，嘗試協助或是服務對方。這麼做的理由在於，在面對身邊的家人或朋友時，人們總會不自覺地帶入自己的情緒，因此才要先從關係較遠的對象做起。例如：到跟自己有緣的幼稚園、學校、照護中心擔任義工，或是參加社區的清掃活動、海外的支援行動，也可以贊助你關心的對象或團體。先從你可以照著自身步調樂在其中的事做起，品味無私幫助他人的喜悅吧！

天命數

回歸赤子之心
讓遇到你的所有人露出笑容

★**天命的方向** ≫ 上天賦予你的天命，就是順從你強烈的好奇心，隨心所欲去做可以讓自己感到雀躍興奮的事，盡情享受人生。隨著年紀增長，人的身體和心靈往往會變得越來越僵硬、緊繃。你的天命就是，年紀越大越要回歸赤子之心。上天對你的考驗就是「能否用一顆純粹的心，盡情享受人生」。將「大人的分寸」拋到一旁，徹底解放你的童心，做自己想做的事吧！旁人看到這樣的你，也會打開他們心中塵封已久的童心開關。回歸童心盡情享受生命，露出初生嬰孩般天真無邪的笑容，正是你要努力的天命方向。

★**天命的課題** ≫ 「原諒和放下」是你要克服的課題！孩子的特質就是活在當下，他們的心中既沒有過去也沒有未來，因此不會後悔也不會擔憂。你是否能完全原諒過去，徹底忘記過往的不愉快，能不能放下對未來的擔憂與不安，將成為你是否可以活出天命的重點。

孩子不需要超過自身需求的金錢與物品，能不能放下對往事、金錢及物品的執著，回歸起點成為天真的孩子，將左右你是否能夠發揮自身的天命。

★**抵達天命的線索**≫「歡笑、笑容」是幫助你抵達天命的關鍵字。對鏡子多練習微笑，提醒自己常保笑容吧！人們並不是遇到好事才笑，而是因為常保笑容才能經常吸引好運上門。笑容本來就是要給他人看的，當有人形容你「我從沒看過那個人生氣的樣子」，你的天命就會正式啟動。

★**活用天命的方法**≫凡事無須想得太過困難，正因為你露出了煩惱的表情，才會吸引問題前來報到。無論是金錢、工作、人際關係、健康，盡可能讓所有事更單純一點吧！發揮你的創造力讓自己開心，同時也讓周遭的人開心，每天開開心心過日子。多動腦筋思考如何創造更多笑容和歡笑，並加以實踐，才是活出上天賦予你的天命最好的方式。

天命數 4

將無形世界的訊息以肉眼可見的形式留存下來

★天命的方向 ≫ 上天賦予你的天命，就是在現實世界裡，過好自己身而為人的這一世。找到此生能夠全心投入的工作或興趣，作為自己畢生的志業，腳踏實地、努力不懈去做，就是上天給你的天命。

等累積足夠的經驗以後，當你接到來自上天的指示，必須將自己接收到的訊息，以肉眼可見的具體形式傳達給眾人，可以是房子或建築物，或是商品，甚至是藝術作品。無論採取怎樣的形式，你都要將來自上天的訊息轉化成能夠流傳後世的有形之物。持續努力提升作品的完成度，讓更多人看見，正是你要努力的方向。

★天命的課題 ≫ 你的課題是「不要半途而廢」！當你開始做一件事以後，千萬別輕易放棄。就算過程不如想像中順利，即使無法立刻做出成果，也要不焦不躁，毫不氣餒，一步步持續下去，這是你達成天命所要克服的課題。雖然你容易分心，有時也會三心二意，仍要「貫徹初心」，提醒自己「留下紀錄比留下記憶更重要」。不要把時間浪費在抱怨、發牢騷、訴苦，只要勤勉地完成眼前的人生課題及別人託付你的事，總有一天必定能夠得到眾人的肯定。

★**抵達天命的線索**》「持續不懈、養成習慣」是幫助你抵達天命的關鍵字。即使只是日常生活中的小事，也要養成記錄下來的習慣。例如：每天寫日記、更新部落格、在社群網站上傳照片、更新影片等，用眼睛看得到的形式，將生活的點點滴滴記錄下來。當這些紀錄超過一定數量，你就能得到與自身天命相關的天啟。

★**活用天命的方法**》「持續就是力量」是你活出天命的關鍵。用「看得見」、「聽得到」、「摸得著」、「品嘗得到」、「可以計數」、「能夠記錄」的方式，將你做的事用看得見的形式留存下來。例如：土地、建築物或歷史相關事物、人們使用的道具或商品、寶石、雕刻、陶藝等堅硬的東西，還有書籍或繪畫。持續創作你的人生作品，作為自己一路走來的證明，有助你啟動自身的天命。

天命數

不受拘束地活著
串起全世界人們的緣分

★**天命的方向**》上天賦予你的天命，就是順從自己的好奇心，貫徹到處旅行、自由自在的生活方式，邂逅各式各樣的人，串起全世界人們的緣分。自由的生活方式雖然是你要努力的天命方向，但自己一人隨心所欲地活著，並非你的天命。你之所以需要不受拘束地活著，是為了完成串起眾人的任務。人與人、地域與地域、國家與國家，相隔遙遠的兩方將經由你這座橋梁連結起來。

獨善其身的自由只是任性，當你懂得尊重他人的自由，才能體會到「自由的真義」。唯有認同彼此的自由，才能與對方達到更深層次的連結。與他人在靈魂層次的深度交流，正是你所選擇的天命。

★**天命的課題**》「經常保持對他人的興趣」是你的課題。不要試圖逃避人際關係的紛擾，因為這世界的所有問題都源自於人際關係。換句話說，只要整頓好人際關係，就能解決所有問題。

只注重自己一人的自由，不過是獨善其身的出世隱士罷了。如果想要達成天命，你應該在尊重彼此自由的前提下，試著深入理解並接納對方，以開放的心態包容對方，關注對方的每一個細微變化，這樣的態度非常重要。建議可以先從主動向對方釋出善意做起！

★**抵達天命的線索**≫「變化」正是帶領你抵達天命的關鍵字。人們無時無刻都在變化，無論你或對方都不可能「和之前一樣」。在你發生改變的同時，對方也在改變。之所以認定對方沒變，原因別無其他，因為你自己一成不變。所以，改變要先從自己做起，像是外表、身上的物品、環境、場所，先從主動改變這些你有能力改變的事物做起吧！

★**活用天命的方法**≫提高你對新的人、事、物的敏感度吧！別總是待在同一個地方，經常走動，收集新資訊，持續與周遭分享這些新知非常重要。正如「先付出，後收穫」這句話，持續對外分享新資訊，你就能從周遭獲得更多的新知。新的事物將經由他人來到你身邊，珍惜與新朋友的邂逅，能讓你更接近自己的天命。

天命數 6

用不求回報的大愛 守護、教導、培養身邊的人

★**天命的方向**≫上天賦予你的天命，就是用不求回報的大愛，包容、守護、教導、培養家人及周遭的人。這樣的你無疑是「無償之愛」的具體形象，是慈愛的母性象徵。不過，倘若只將關注放在與自己最親近的親子關係，容易演變為過度依賴的依附關係，必須注意。只對親近的人付出愛情，不算是無私的愛。你是否可以完成自己的天命，取決於能不能覺察到這一點。

對你而言，「愛」是一生的課題，端看你能將「愛」的純粹度提升到多高的境界。你必須明白，上天對你的考驗正是「可以貫徹以無私真愛為本的生存方式到何種程度」。

★**天命的課題**≫「對深愛的人放手」是你要努力的課題。對孩子灌注越多愛情，就越難對孩子放手。愛得越深，越容易以愛為名，用這座牢籠關住孩子、伴侶或身邊的人。一旦分不清自己與他人之間的界線，很容易將家人視為自己的一部分，試圖控制

對方。即使這麼做是為對方好，但你所認定的「好」不一定是對方想要的。「能否在正確的時機，對自己付出愛情的對象乾脆放手」，正是上天對你的考驗。

★**抵達天命的線索**≫「愛」是引導你抵達天命的關鍵字。你對「愛」的理解，將左右你完成天命的程度。重點在於經常問自己「何謂真正的愛？」貫徹以真愛為信念的生存之道。「施與受」只不過是單純的交易，容易成為強迫對方接受或是用來控制對方的手段。當你完全沒意識到自己正在施惠，那份自然流露的關懷才是真正的愛。重點在於你是否能覺察到「這世上的萬事萬物全都源自於愛」。

★**活用天命的方法**≫如果你只關注看得見的肉體或物質，就無法活用自身的天命。放下成見，虛心學習現實世界另一端那個看不見的世界吧！別只是把注意力放在自己與他人的關係上，你更應該重視的是與自己內在的關係。唯有與「內在的自己」緊密連結，真正無私的大愛才會從你的內在自然流露。屆時，你與孩子、家人和朋友之間的關係，應該也會發生戲劇性的變化。

天命數 7

貫徹屬於自己的生活方式 確立你的獨有風格

★**天命的方向** ≫上天賦予你的天命，就是將自身特質盡情展現在生活方式上，確立任何人都模仿不來、充滿原創性的個人風格。你的周遭沒有足以學習的範本，或是能夠指導你的導師，因為你獨特的生活方式百分之百只屬於你一人。因此，你必須不斷嘗試，從錯誤中學習，也要覺悟到旁人很難理解這樣的你。如果輕易妥協，只滿足於半吊子的生活，就無法抵達你的天命。

你必須秉持自身的信念，堅持自己所選的道路，就像獨行在無人荒野的孤高戰士那般。你自律克制的態度將為許多人帶來勇氣，成為推動他們發現自我風格的契機。

★**天命的課題** ≫「不妥協」是你要挑戰的課題！重點在於別去介意周遭的看法，堅守你的信念，貫徹自我風格。為了成為獨一無二的獨立存在，即使一時遭到孤立也在所不惜。為此，你必須先確立不輕易動搖的信念或價值觀。倘若沒有屬於自己的信念或核心思想，你將不知自己「該為什麼而活、今後又該往哪走？」就此迷失自我。

「自己究竟為何而生，為何而活？」找出這個問題的明確答案，將是你活出天命的重要課題。

★抵達天命的線索 ≫「自我風格」正是帶領你抵達天命的關鍵字。「我究竟是誰？」你的天命就是找出這個問題的答案。一旦找到答案，今後你將不再分心猶豫、三心二意，可以朝著自己應走的道路筆直前進。為了找到屬於自己的風格，你必須找到「喜歡的事」、「願意花時間和金錢去做的事」、「可以投注熱情的事」，逐漸鎖定一個領域。相信那裡肯定會有讓你活出自我、大放異彩的線索。

★活用天命的方法 ≫以用肉眼可見的形式，創作只有你才能做出的作品吧！做唯有你才能做到的事，創造唯有你才能做出的作品，以唯有你才能呈現的方式，這一切都是你的創作。接著透過社群網路等管道，讓更多人看到你的作品。至於評價作品，並且廣為宣傳，則是別人的工作。你只須盡情發揮自己的堅持即可。這樣的分工合作，正是讓你活出天命的方法。

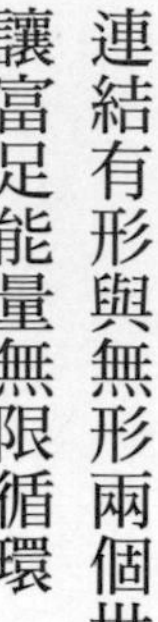

天命數 8

連結有形與無形兩個世界 讓富足能量無限循環

★**天命的方向》**上天賦予你的天命，就是均衡連結看得見的現實世界與看不見的精神世界，統合兩個世界的能量。不是在有形世界或無形世界中「二選一」，而是「兩者同等重要」，若只偏重某方，就會失去另一方，這一點務必要注意。唯有均衡地連結兩個世界，才能讓無限的能量與富足循環下去。無論是物質上的富足或精神上的富足，哪一邊都不能妥協，對兩者進行高層次的整合。

勇於追求物質和心靈雙方的豐饒能量，讓兩者在現實生活中得以同時並存。然後，進一步將你從兩個世界獲得的無限能量，大方地分享給更多人，這就是你的天命應該努力的方向。

★**天命的課題》**「不要小看自己」是你要努力的課題！你比自己想像得更有活力，充滿巨大的能量。所以，千萬別輕易滿足，覺得自己此生足矣。當你變得越富足，就能惠及更多人。

尤其要注意不能忽視有形的物質富足。只顧著追求無形的心靈富足，可能會讓你就此偏離現實，務必要留心。經常從經濟的觀點來思考，讓物質與心靈雙方的巨大能量進行大格局的循環，正是這個天命數要挑戰的課題。

★**抵達天命的線索**≫「無限能量」正是幫助你抵達天命的關鍵字。重點在於不要畫地自限。雖然你不喜歡自己太過忙碌，但來到你身邊的都是自己力所能及的事。因此，別拒絕他人的請託，勇敢接受挑戰吧！別擔心，你一定做得到！當你學會運用無限的能量，就能創造無限的富足，持續與眾人分享，就可以打造良好的正面循環。

★**活用天命的方法**≫試著挑戰需要一心多用的多工處理吧！在金錢及時間有限的狀況下，極限反而可以激發人們無限的能量。火力全開進行各種挑戰吧！你的天命就是將無形世界的巨大能量轉化為有形世界的富足豐饒。與更多人分享富足的能量，讓其源源不絕地循環下去，就能進一步擴大無限的能量。

天命數

活用經驗與智慧為世界和平做出貢獻

★**天命的方向**》上天賦予你的天命，是大方分享自己擁有的一切，為周遭人們的幸福與世界和平做出貢獻。由於你高揭的理想格局過於龐大，導致你容易覺得自己太過渺小，認為自己做的事毫無意義，因此充滿罪惡感，這一點務必要留心。重點在於，你必須先讓自己的內在世界達到和平。你必須明白「你無法為自己從未見過的遠方世界帶來和平，你只能讓自己創造的世界和平」。那是你實際看見、聽聞、觸碰、感受、體驗的世界，是你內在的世界。想要實現世界和平，必須先實現自己的內在和平，這就是你的天命要努力的方向。實現自身的內在和平，就是貢獻世界和平的捷徑。

★**天命的課題**》「不以自己的正義去苛責他人、批判自己」就是你要克服的課題。世界和平與戰爭衝突，其實是同一股能量的正反兩面。戰爭之所以發生，源於人們為了維護自己所認定的和平。不要打著「世界和平」的旗號，用你的「正義」去苛責、批判別人，或是從「非善即惡」的二分法來評斷事情。在幫助他人之前，你必須先幫助自己。在為他人帶來喜悅之前，你必須先取悅自己。在與他人分享幸福之前，你得先讓自己充滿幸福，先滿足自身的需求，直至幸福多到滿溢而出，這才是你達成天命所要克服的課題。

★**抵達天命的線索**≫「智慧」是引領你抵達天命的關鍵字。豐富的知識若無法在人生中活用，就只是你用來評判他人的「標準」。這麼一來，不論經過再久，你的知識都無法昇華為更高層次的智慧。知識必須在人生中實際運用，才能成為真正的智慧。無法昇華為智慧的知識，既無法拯救他人，也不能給周遭的人帶來幸福。你邁向天命的第一步，就是將自身具備的知識提升為智慧。

★**活用天命的方法**≫體會虛心學習的樂趣吧！感受知曉未知事物的雀躍，品味與人分享新知的滿足，體驗活用知識助人，給對方帶來喜悅的那種快樂。將「為眾人帶來喜悅」這件事時刻放在心上，先從小事或自己力所能及的事情開始做起，例如：溫暖的笑容、溫柔的問候、隨手撿起垃圾、付出舉手之勞，當你的喜悅源於他人的喜悅，心靈就能達到和平，引領你活出自身的天命。

詹姆士·龐德
成為「007」的理由？

全世界最知名的間諜，就是代號「007」的詹姆士·龐德（James Bond）。他之所以能如此知名，說是「7」這個數字的功勞一點也不為過。「間諜」這份工作本該具備「冷靜」與「追求完美」的特質。為了不讓任何人發現自己的真實身分，必須活用直覺，「獨自一人」對抗孤獨並完成任務。而且，你的目標是獲得「完全的勝利」。為此，在付出極大努力的同時，還必須保持優雅從容，不能讓旁人察覺自己這一面。沒錯！詹姆士·龐德無疑是充分表現生命靈數中「7」這個數字特質的人物。

當然，這一切這絕非偶然。據說《007系列》的作者伊恩·佛萊明（Ian Lancaster Fleming）曾經任職於精通生命靈數的英國情報局。如果這個消息屬實，那麼他根據「007」這個代號的數字特質，創造小說的主角詹姆士·龐德的可能性就很高。若非如此，主角的設定不會與「7」的數字特質如此一致。全世界最知名的間諜不能是「006」，也不能是「008」，果然非得是「007」不可呢！

第 5 章

有助你掌握
命運起伏變化的

「人生運勢
週期表」

用「葉月生命靈數」解讀「人生的9個波動」

這世上所有事物的運作原理均是「波動」。從原子等級的細微變化到潮汐漲退、心臟跳動、月經週期、景氣循環、宇宙天體的變化，全都依循著波動的週期循環運作著。

我們的人生當然也受到「波動」的主宰，不斷重複著同一套變化規則。想要解讀人生的「波動法則」，必須借助「葉月生命靈數」中「9個波動」這門智慧。說到人生為何由「9個波動」的週期構成，答案其實很簡單，因為基本數字就是「1～9」。只要活用這條法則，就能清楚得知自己目前處於哪一個「波動」，同時也能檢證過去，或是輕鬆預測未來的「動向」，就像解讀「人生的氣象圖」那般。

「掌握自己的人生波動，順勢乘上命運的大浪」才是終極的成功法則。只要知道運勢的波動，你就不會後悔過去，也不會擔憂未來。不懂得掌握自己人生的「9個波動」（＝9年循環、9年週期），人生就無法獲得成功。

[人生9個波動的計算方法]

將你想要知道運勢波動的西元年份數字，與生日（月、日）的數字相加，若得出**11**、**22**、**33**，即為你那年的「循環數」（運勢波動），這三個數字以外的答案，則繼續相加直至得出一位數。

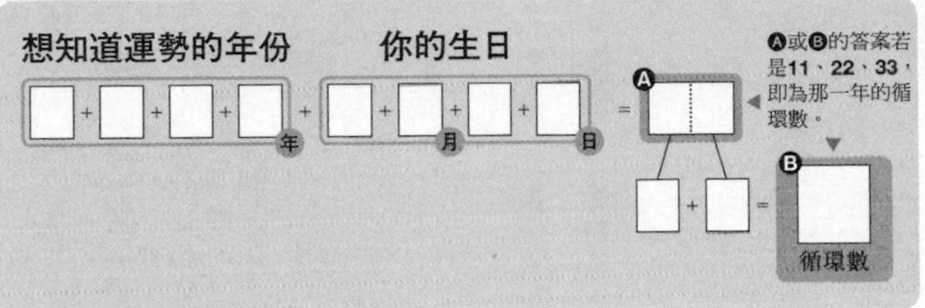

Examples

例1 「5月19日出生」的人「2023年」的「循環數」是？

2 + 0 + 2 + 3（年）+ 0 + 5（月）+ 1 + 9（日）= 循環數 22

算出的答案為11、22、33時，即為你的循環數。

例2 「12月8日出生」的人「2025年」的「循環數」是？

2 + 0 + 2 + 5（年）+ 1 + 2（月）+ 0 + 8（日）= 20 → 2 + 0 = 循環數 2

「20」以外的答案也是同樣算法。
舉例來說，39 → 3+9=12 → 1+2=3 ←循環數

「生日」是「個人循環數」的起點

自該年生日開始至隔年生日為止這一年的期間，就是一個「個人循環」。不過，循環的變化並非以生日為界突然切換，請將生日前後一個月視為變化的轉換期間。尤其是年尾（10月以後）出生的人，「個人循環」的轉換期間大多會提前，也有人自生日前三個月就開始出現變化，請務必留意。

[9個波動的變化和基本模式]

「9個波動」（＝9年循環）可分為「循環數1～3」的「發展期」、「循環數4～6」的「展開期」、「循環數7～9」的「完成、成熟期」三大部分。除此之外，象徵起點的「循環數1」、高峰＆轉折點的「循環數5」、終點＆完結的「循環數9」，從這三個轉捩點掌握運勢整體的變化也很重要。

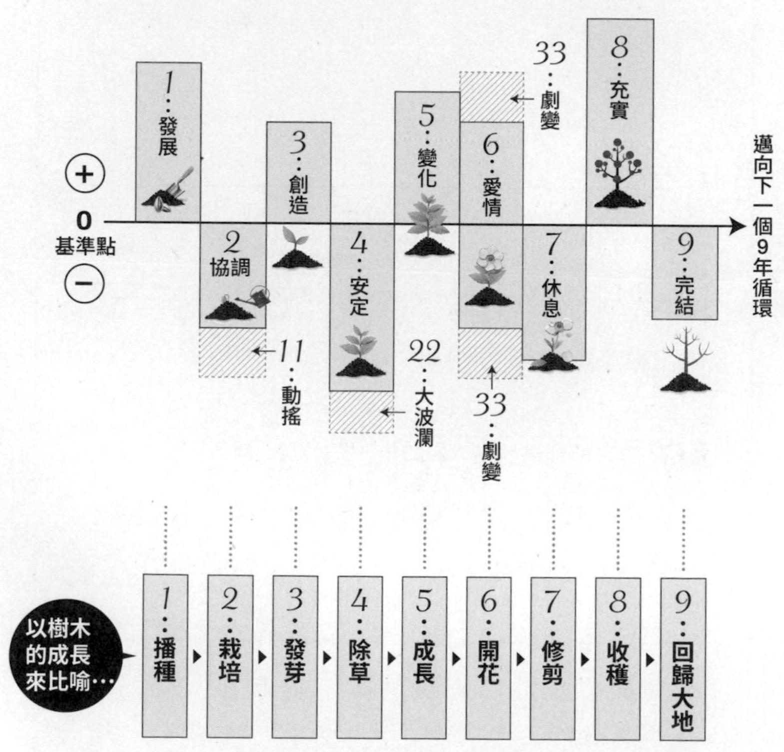

個人
循環數
1

播種期

決定今後前進的方向
勇敢邁出第一步

★循環數的意義≫「循環數1」代表的是「發展」，是9年週期的起點。這是決定接下來九年的運勢，非常重要的一年。也是積極向外散發能量的絕佳時機。以樹木的成長來比喻的話，就是「播種期」。此時播下怎樣的種子，將決定你八年後收穫怎樣的果實。決定今後前進的方向之後，立刻付諸行動跨出第一步吧！重點在於勇於「開始」的明確意志。

★活用重點≫這個時期最適合展開新事物，是執行先前想到的點子最合適的一年，千萬要把握這個機會。結婚、生子、就業、獨立創業、開業、換工作、學習新才藝或挑戰新興趣都不錯。這是每隔九年才一次的人生重大轉型時機，不如趁這個機會重新設定你的人生。抱著斬斷過去一切、歸零重來的打算，以全新的心情開拓一條全新的道路吧！

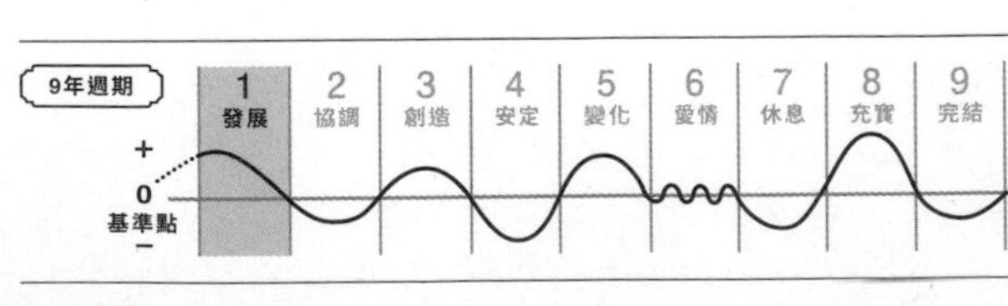

個人
循環數
2

栽培期

留心與周遭的協調、和諧
貫徹輔佐的角色

★循環數的意義》》「循環數2」代表的是「協調」，這是適合擔任幕後英雄、輔佐角色的一年。以樹木的成長來比喻，相當於「栽培期」。為了讓「1」播下的種子成長茁壯，此時正是募集協助者與夥伴，腳踏實地做好準備的時期。建議你節制一下自己的意見，好好扮演協助與傾聽的角色，在你幫助他人之際，最終也會實現自己想做的事。凡事都要以維持平衡為重，不急躁、勿慌張，謹記「欲速則不達」的原則。

★活用重點》》你在「1」那年展開的新方向，在這一年容易遇到挑戰。由於當初卯足了勁開始的事無法如願順利進行，容易令人心生迷惘或想要放棄，此時千萬不要輕易放棄。無論發生什麼事，都別立刻掉頭撤兵，鼓起勇氣面對挑戰吧！只要你竭盡所能，朝自己在「1」決定的方向再邁進一步，真正的貴人一定會出現。

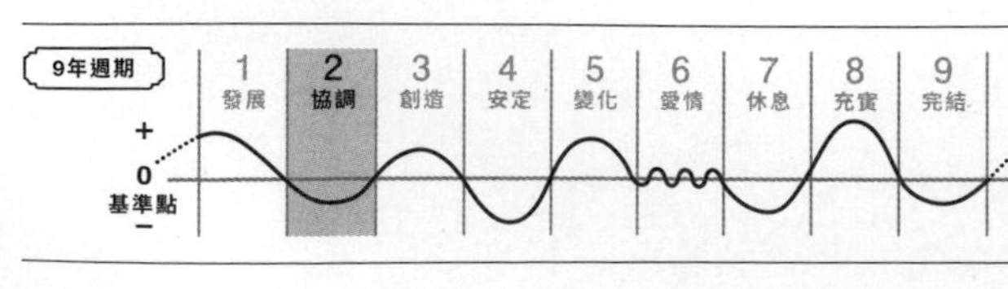

個人
循環數
3

發芽期

在一進一退的過程中
期待新芽萌發的一年

★循環數的意義》「循環數3」代表「創造」，3是週期的最小單位，也是一個階段的區分點。「新芽」雖已萌發，卻不代表所有事情都能順利進行。這是創造與停滯不斷重複，走一步退一步的一年。以樹木的成長來比喻，就是「發芽期」。雖然能看見具體的新動向和趨勢，此時若急於追求成果，想要快一點收穫，可能會面臨失敗。關注目前為止的每一個發展，發揮你的創造力，想辦法讓事情的發展更順利吧！

★活用重點》這一年各方面都會出現新動向，要注意別讓心情隨著變化起伏不定。太過得意忘形，容易擴張過度，反而導致你迷失方向，陷入「徒勞無功」的境地。如果想到什麼新點子，不妨和身邊的人商量，實際嘗試後，也許會成為開創新局勢的契機。常保笑容與幽默，不忘玩心與好奇心，讓自己維持從容的心態吧！

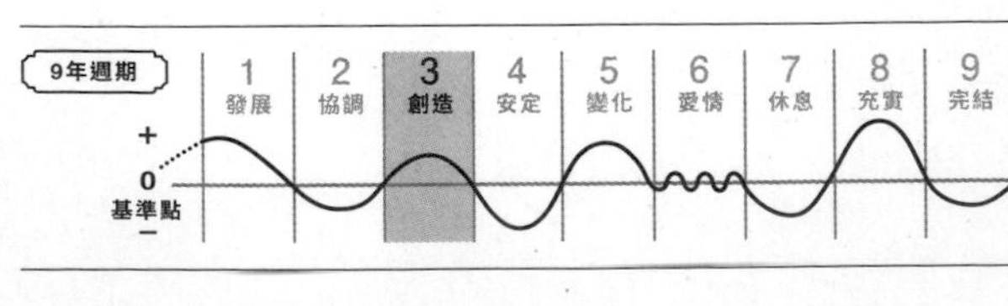

個人
循環數
4

除草期

顧好腳下
全神貫注打好地基

★循環數的意義≫「循環數4」代表的是「安定」，是維持現狀的一年。這將是「安定與踏實」、「固定與停滯」的一年。雖說無法期待太大的變化，變動較少，卻是「打好地基、穩固基礎」的重要時期。以樹木的成長來比喻，相當於「除草期」。眼下要做的都是單調的作業，由於無法很快看到現實的成果，你必須先忍耐一下，因為此時正是需要堅持的時候。這一年的努力將左右這個9年週期的整體走向。

★活用重點≫這是9年週期中，為培養實力做準備、最為艱辛的一年。能夠維持現狀已屬難得，不要輕舉妄動才是上策。此時先別做出太大的改變（分手、換工作或獨立創業等），也不要太感情用事，凡事最好再三考慮。建議你徹底打掃環境，好好整理房間，把不需要的東西都處理掉，讓周遭保持清爽乾淨，就能吸引好運到來。

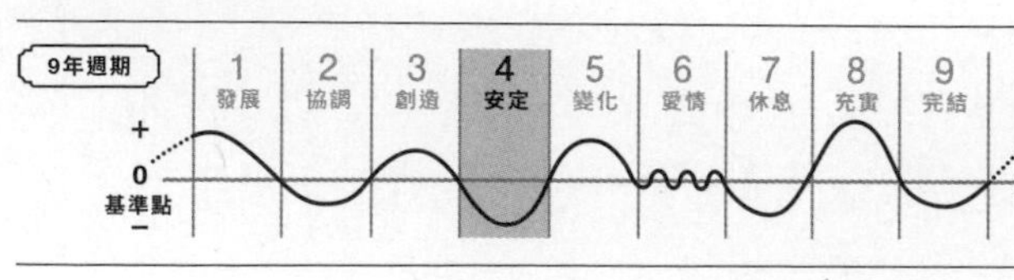

個人
循環數
5

變化、成長期

全新世界即將展開
不安定卻刺激的人生轉折點

★**循環數的意義**≫「循環數5」代表的是「變化」，是刺激又不安定的一年。這一年恰好是9年週期的正中間，同時也是折返點或轉折點。以樹木的成長來比喻，就是「成長期」。這是人生大幅變化、成長的時期，因此你必須有所覺悟，以往的人際關係可能會面臨被迫改變的狀況。發生變化就代表你已經乘上運勢的大浪，理解這一點並積極做出改變，正是掌握好運的重點。

★**活用重點**≫以往熟悉的事物、過去的成功經驗、食之無味棄之可惜的人際關係，這些隨著你的個人成長逐漸老舊的事物，必須趁此機會斷捨離乾淨。在這個時期，你容易分心，情緒也不穩定，但你仍要勇於挑戰。邁出輕快的步伐，自由自在地行動吧！相信你的直覺與心中的雀躍感，勇敢向外跨出一步，一個不同於以往的全新世界，將就此在你的眼前展開。

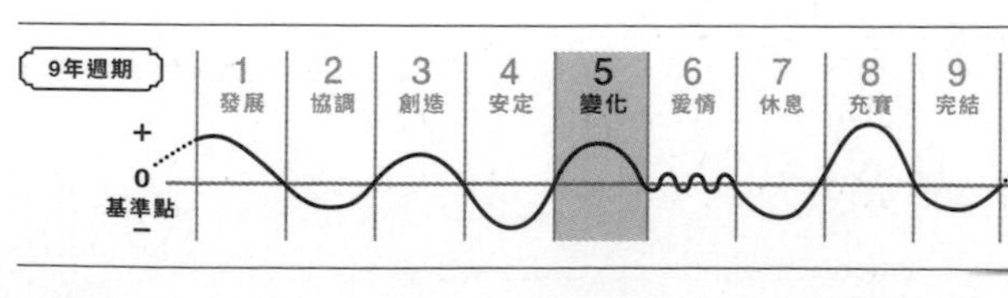

個人
循環數
6

開花期

事情發展尚不明朗
愛與羈絆備受考驗的一年

★循環數的意義 ≫「循環數6」代表的是愛情，這是信賴與援助的一年。你最親近的家人或親友身上，可能會發生考驗「你和對方的關係有多牢固」的事情。在這個時期，好事、壞事都有可能發生，如何應對眼前發生的事，將成為決定你今後人生成就的重要分歧點。以樹木的成長來比喻，現在是「開花期」。這個時期最容易發生轟轟烈烈的大事件。

★活用重點 ≫女性尤其容易在這個時期經歷「結婚」、「懷孕」、「生子」等人生關卡。乍看之下，這一年會發生許多令人開心的好事，卻不代表討厭或痛苦的壞事就會從人生中消失。無須為自己跟那些無關緊要之人的人際糾紛而煩心，也不要總是從他人身上尋求愛情。你必須靠自己用愛滿足自身，優先對自己傾注愛情，這才是讓人生持續綻放美麗「花朵」的祕訣。

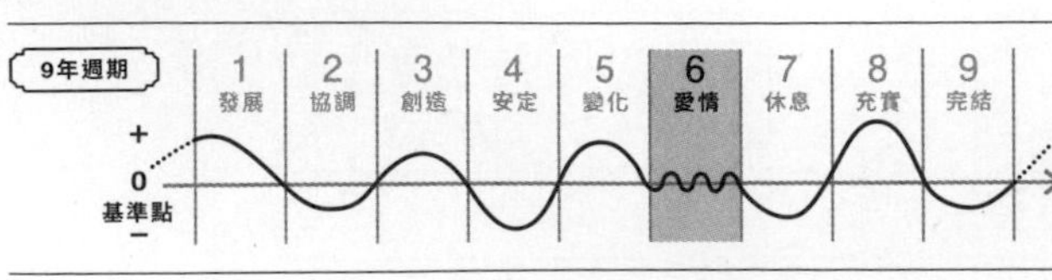

个人循環數

7

修剪期

為收穫做準備，捨棄無用之物充實自己的內在

★**循環數的意義**》「循環數7」代表的是「休息」，這是重新審視你的內在，磨練自我的一年。這年容易發生某些事件，讓你必須重新檢視自己目前為止的生活方式。提醒自己放緩腳步歇口氣吧！以樹木的成長來比喻，相當於「修剪期」。此時正是「整頓、保養」自己的最佳時機。尤其需要重新審視自己的內在，捨棄不再需要的價值觀，為迎接收穫期做好準備，充實自我才是當下最重要的事。

★**活用重點**》這是為收穫做準備的一年。此時的重點不是追求變化、擴張或成果，而是珍惜一個人獨處的時間，培養新技能，累積新知識，把時間和金錢用來充實自己的內在。另外，為了迎接即將到來的成果，你必須做好準備，「刻意留白」也很重要。不妨幫自己請個長假，但要小心別被人趁機按下「休假」、「停職」、「離職」之類的強制登出鍵喔！

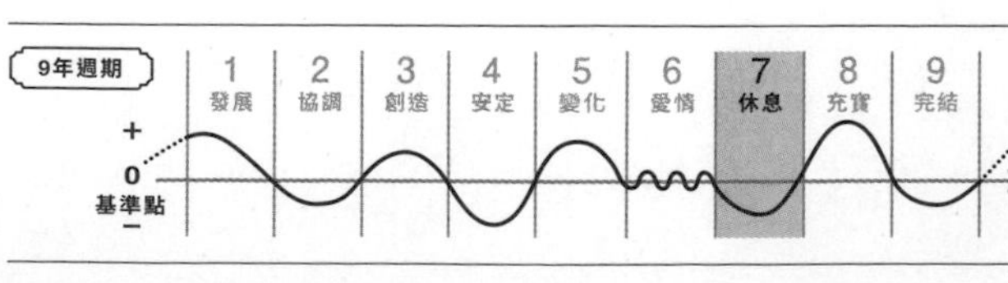

個人
循環數
8

收穫期

容易獲得有形的成果
豐收、充實的一年

★循環數的意義 ≫「循環數8」代表的是「充實」，這是達成願望、實現夢想的一年。也是9年循環中，最容易得到有形成果的幸運年。為了收穫「甜美的果實」，之前你花了長達七年做準備。以樹木的成長來比喻，此時就是「收穫期」。各種恩惠、禮物和富足，將以肉眼可見的形式降臨。當你察覺好運上門時，千萬不要猶豫，用力踩下油門火力全開，乘勢搭上運勢的大浪吧！

★活用重點 ≫以往累積的想法與行動容易在這一年實現成形，「結婚」、「晉升」、「新屋落成」之類的人生大事也容易集中在這一年發生，是開心的一年。不過，千萬別什麼都不做，只是坐等好運從天而降。這是你至今為至的努力得到回報的時期，也是為過去七年打分數的時刻。有幸嘗到「甜美果實」的人別自己獨享，與更多人分享成果，將為你吸引更多好運到來。

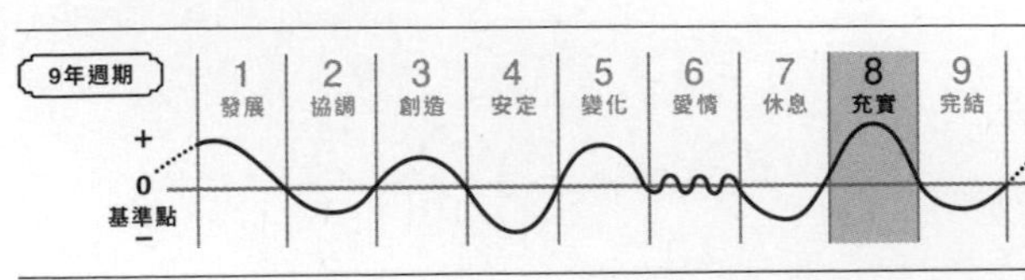

個人
循環數
9

回歸大地期

別執著於手上的東西
爽快地放手吧！

★**循環數的意義**≫「循環數9」代表的是「完結」，這是9年週期的總結算，也是結束、完成、告一段落、放下的一年。此外，也是邁向下一個9年週期，找尋新方向的準備階段。以樹木的成長來比喻，就是「回歸大地期」。此次9年週期的收穫已結束，這個階段的學習也就此告一段落。完成這個循環的當下，過往有形、無形的智慧與經驗，都將成為你的財產。相信這一點，為自己邁向下一個新階段做準備吧！

★**活用重點**≫這一年你必須做出明確的取捨，選擇要帶到下一個週期的事物，以及在此放手的事物，艱難的選擇或決斷是無法避免的。此時正是轉型的絕佳時機，想要改變命運，重點在於擁有果斷放手的勇氣。跟過往的人際關係、工作、居所及環境毅然道別，放下重擔讓自己可以更敏捷地行動，將是這一年的關鍵。

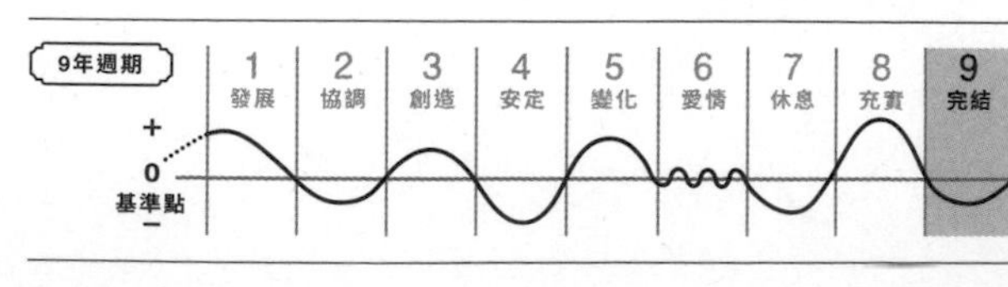

個人
循環數
11

疏苗期

人際關係導致情緒起伏
精神不穩定的一年

★循環數的意義≫「循環數11」代表「動搖」，同時也是容易獲得靈性覺醒的時期。這一年，你的精神方面容易不穩，心情總是搖擺不定。以樹木的成長來比喻，現在正是「疏苗期」。前一年播下種子所長出的新芽，只留下需要的部分，其他就果斷處理掉（＝疏苗）吧！面臨困難的抉擇時，請務必相信自己的直覺和靈感，妥善地加以運用。

★活用重點≫在人際關係中，這是容易與重要的人別離，或是遭到背叛的時期。這一年就如同大富翁遊戲裡的「機會卡」，你能從人際關係的變化學到什麼，正是上天對你的考驗。這個時期的「別離」會讓你放下過去的束縛，拋下「重擔」的你將變得身輕如燕，因此無須害怕。今後你若想要朝全新的方向持續成長，需要在此與過去做個了斷。

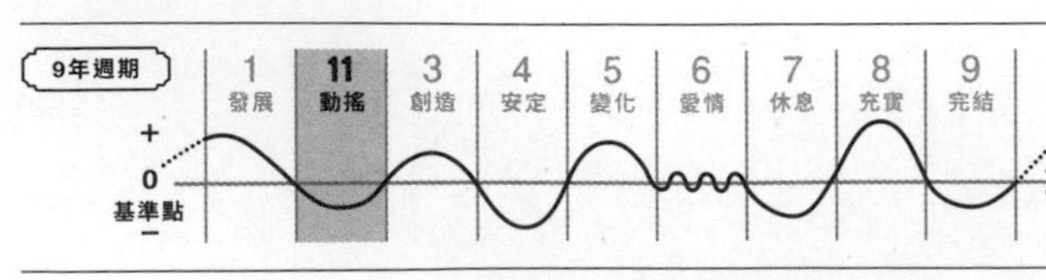

個人
循環數
22

暴風雨期

容易遭遇突如其來的事件
驚濤駭浪的一年

★**循環數的意義**≫「循環數22」代表的是「巨大波瀾」，這是變化劇烈、「相當辛苦」的一年。你既有可能迎來意料之外的幸運，相反的，無法預測的突發事件也會接連發生，心情大起大落難以平靜。這一年也許會成為人生發生巨大變化的命運轉折點。以樹木的成長來比喻，就是遭遇突如其來的「暴風雨」。這場「暴風雨」是為了讓樹變得更強壯（堅強），是有助於你成長茁壯的考驗。

★**活用重點**≫應對這個時期最好的方法，就是事先得知「（自己的人生）有可能颳起暴風雨」。「人生的暴風雨」有可能是劈腿、外遇、離婚、生病或意外事故、裁員、破產、負債。當然也可能發生奇蹟般幸運的好事，卻仍舊無法避免負面的事態發生。別只想著逃避「人生的暴風雨」，也無須過度害怕，只要靜下心來應對，必定能走出眼前的困境。

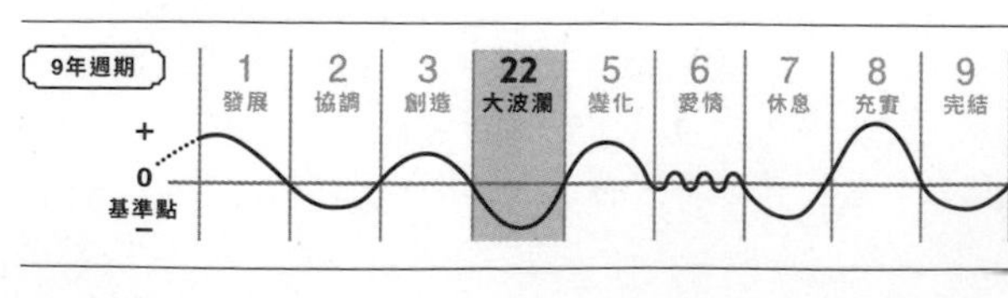

個人
循環數
33

突然變動期

人生出現一百八十度大轉變
激烈動盪的一年

★循環數的意義 》》「循環數33」代表的是「劇烈變動」，這一年是有可能發生激烈動盪的「大轉變之年」。突如其來的意外或重傷，也許會徹底顛覆你至今的人際關係、工作、生活方式與人生觀，或是遭遇被迫與身邊的人分離之類的衝擊事件。若能活用「劇烈變動年」的經驗，人生就會發生戲劇性的變化，讓你就此脫胎換骨。以樹木的成長來比喻，就是「突變」。「循環數33」原本相當於9年週期中的「6：開花期」，但開出的花朵與原先的預期截然不同，因此你會不知所措，不知該如何是好，「循環數33」就是這樣的感覺。不過，進入二〇〇〇年後，幾乎看不到「循環數33」的年份。由此看來，「33：劇烈變動」的循環數或許是一九五〇年至二〇〇〇年之間的時代轉換期必經的「突變」呢！

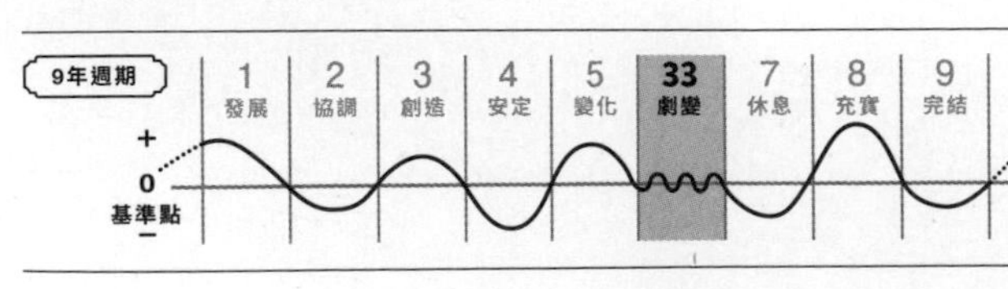

何謂「社會循環數」？

想要了解人們周遭的社會、國家、區域，以及世界等大環境整體的動向，會對個人的生活帶來怎樣的影響，此時就可以活用「社會循環數」。

「社會循環數」如其字面所示，代表的是「社會整體的大走向」，如果說「個人循環數」是一條「小河」的話，「社會循環數」就是個人的力量難以對抗的「大河」。當你的行動必須跳脫的個人範圍，擴及自身外圍的社會（工作、金錢、人際關係等）時，掌握「社會循環數」，將有助你順勢抓住更大的機會。

[社會循環數的計算方法]

將你想要查詢的西元年份數字逐一相加，相加後得出的答案若是二位數，就再相加直至得出一位數。不過，如果答案是「**11**」或「**22**」，就可直接採用該數字。此外，目前為止的所有西元年份相加，都不曾出現過「社會循環數**33**」。

例 如果想知道**2026**年的「社會循環數」……

2 + 0 + 2 + 6 = 1 0

1 + 0 = 1

2026年的「社會循環數」即為「**1**」。

[**社會循環數**各自的意義]

「社會循環數」大致與「個人循環數」相同，但由於作為主體的「個人」與「社會」仍有不同，「循環數」的意義與趨勢的解讀也有些許差異，務必要注意。

1 **開始、變動之年**
這一年容易發生一些事件，使人們的價值觀產生巨大的變化。

2 **不安定、不平衡之年**
這是在兩種價值觀之間搖擺不定，非常不安定的一年。

3 **充滿活力的創造之年**
所有事物的節奏均容易發生變化的一年。

4 **社會不安、停滯之年**
沉重且停滯不前的一年。

5 **再生與交流之年**
新舊交替增加，容易出現新變動，人際交流更為頻繁的一年。

6 **變動激烈之年**
變化最劇烈的一年，容易發生異常現象、自然災害、大型事故或戰爭等大事件。

7 **躍動與變革之年**
在新的變動中，社會結構出現明顯變化或變革的一年。

8 **繁榮與主張之年**
能享受過往的努力所帶來的成果。此外，各國的主張和立場也將更為明確。

9 **完成與變化之年**
目前循環的終點和新循環的新芽同時並存的一年。

11 **平衡與和平之年**
在身體與心靈、物質與精神兩個極端之間取得平衡，重視和平的一年。

22 **波瀾與共生之年**
遭遇大幅度改變價值觀的巨大波瀾，共生的機運也會提升。

「個人循環數」與「社會循環數」之間的關係

不管別人怎麼說，你就是自己人生的主角。因此，解讀運勢時，請務必以「個人循環數」為主。「社會循環數」代表的是社會整體的動向，是用來解讀政治、經濟、氣候、異常現象這類時代的大變化。說到「個人」與「社會」各自的「循環」給人生帶來的影響孰輕孰重，「個人循環數」還是大於「社會循環數」。

舉例來說，即使那一年的「社會循環數」是「4：停滯」，如果你從當年生日起進入「個人循環數」的「1：發展」，就可以解讀為「等生日過後再開啟新工作或新生活，會更符合你的運勢」。

而且，「社會循環數」始於1月1日，終於12月31日，「個人循環數」卻是自每個人的生日開始。這是因為你的人生始於誕生的那一天，運勢自然也是從生日那天出現變化。切記，每年的生日正是你運勢轉變的重要時間點。

何謂「人生運勢週期表」？

這是「葉月生命靈數」的基礎，也是解讀人生運勢的終極方法（法則）。每個人都是在出生前寫好今生大致的計畫表才出生，那就是所謂的「人生藍圖」（＝人生劇本）。而解讀「人生藍圖」的這門智慧，就是「葉月生命靈數」中的「人生運勢週期表」。

「人生運勢週期表」是以生日為起點，每年切換一個「人生循環數」（＝個人循環數），九個循環數形成一個「人生階段」。三個「人生階段」又會成為以二十七年為單位的「人生週期」，三個人生週期則構成長達八十一年的完整人生週期。

了解自己的「人生週期」，就能得知自己目前處於人生整體的哪個位置、重大的轉捩點在哪裡、接下來將有怎樣的運勢在等著你。除此之外，還能理解過去那個時期為何會發生那樣的事。只要活用這門智慧，既不用後悔過去也無須擔心未來，你的人生目標將變得更加明確，頓時覺得活著變得輕鬆不少！

人生運勢大幅轉換的三大「轉捩點」

為了順勢乘上人生的大浪，你需要「了解自身的人生波動，順著運勢的大浪前行」。在「葉月生命靈數」中，「人生運勢週期表」主要有三大轉捩點。

首先，第一個轉捩點是「第4階段」的「人生循環1」，這是以二十七年為單位的「宿命期」與「命運期」切換之際。以往為止在父母及社會的庇護下建立的人生，自此刻起完全獨立，是你展開屬於自己人生的時間點。第二個轉捩點是「第5階段」的「人生循環5」。此時期正值人生整體的中場，也是人生的折返點。自這個時期起，你的發展將分為「持續向上攀升」或「就此觸頂下滑」，是人生最大的分歧點。第三個轉捩點則是「第7階段」的「人生循環1」。從此時開始，你將面臨自身的「使命．天命期」，能夠回饋身邊的人多少，將成為影響你後半生運勢的關鍵。

這三大轉捩點都是人生運勢大幅改變的重要時刻，千萬不要錯過！為此，請活用「人生運勢週期表」，先掌握自己目前處於人生的哪個位置吧！

[俯瞰人生整體的**靈魂設計圖**]

「人生運勢週期表」的解讀及基本構造

・「命運數」的計算方法請參閱42頁。
・○的標記代表人生的「3大轉捩點」。

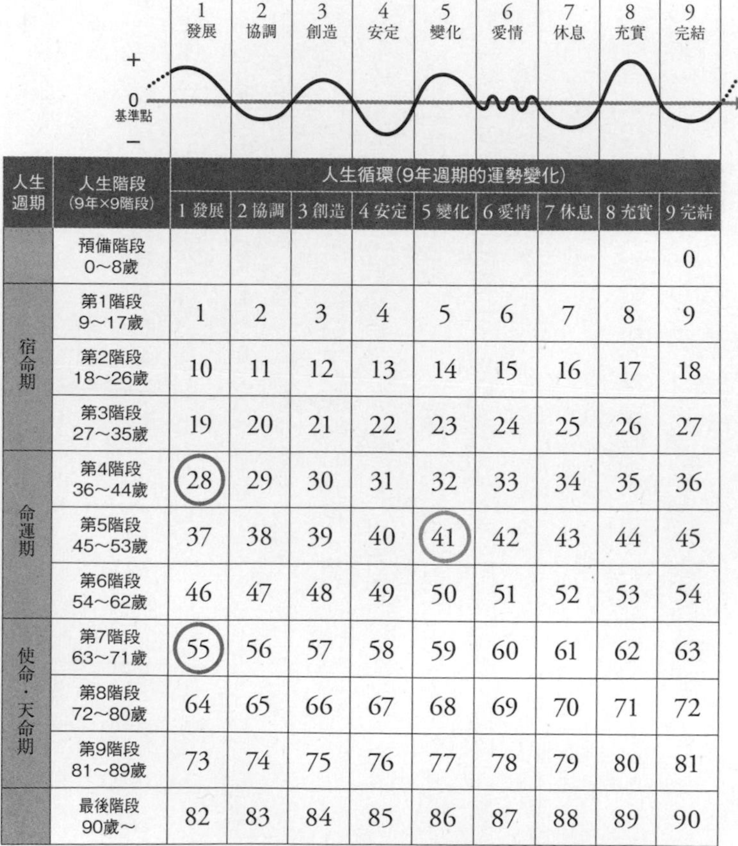

人生週期	人生階段（9年×9階段）	人生循環（9年週期的運勢變化）								
		1 發展	2 協調	3 創造	4 安定	5 變化	6 愛情	7 休息	8 充實	9 完結
	預備階段 0～8歲									0
宿命期	第1階段 9～17歲	1	2	3	4	5	6	7	8	9
宿命期	第2階段 18～26歲	10	11	12	13	14	15	16	17	18
宿命期	第3階段 27～35歲	19	20	21	22	23	24	25	26	27
命運期	第4階段 36～44歲	28	29	30	31	32	33	34	35	36
命運期	第5階段 45～53歲	37	38	39	40	41	42	43	44	45
命運期	第6階段 54～62歲	46	47	48	49	50	51	52	53	54
使命・天命期	第7階段 63～71歲	55	56	57	58	59	60	61	62	63
使命・天命期	第8階段 72～80歲	64	65	66	67	68	69	70	71	72
使命・天命期	第9階段 81～89歲	73	74	75	76	77	78	79	80	81
	最後階段 90歲～	82	83	84	85	86	87	88	89	90

＊「人生運勢週期表」將根據「命運數」而有所不同，詳細內容請參閱306頁以後。

「人生階段」的意義與活用方法

★**預備階段》》「人生的助跑、準備期」**

人生並非從生命誕生（＝0歲）的那一刻馬上開始，而是需要一段準備期間。命運數越年輕的數字（1、2、3），人生的起步越慢，屬於大器晚成型；成熟的數字如（7、8、9），人生起步較快，有早熟的傾向。

★**第1階段》》「確立自我與選擇的時期」**

這是為自己的人生播種的時期。種子的種類會受到你與雙親的關係影響，無論好壞，此時與雙親的關係將成為你人生的基礎。第1階段的「循環1」是人生實質的起點。

★**第2階段》》「與他人建立關係的協調期」**

這是學習和家人以外的其他人相處，是與朋友、前輩、晚輩、異性建立人際關係的時期。尤其是與異性之間的關係及戀愛，此時的經驗將大幅影響你往後的戀愛、婚姻及家庭生活。

★**第3階段》「與社會建立關係的創造期」**

這是出社會的時期。此時你會離開出生長大的家獨立，累積就業、獨居生活、結婚等社會經驗，成為「社會的一員」。

★**第4階段》「培養實力、打好基礎的時期」**

這是你打好作為一個社會人基礎的時期。於公於私都非常忙碌，是人生中最辛苦的時期，也是全力以赴的時期。如果不在此時培養實力，就無法收穫豐碩的人生果實。

★**第5階段》「探索自我及人生的轉換期」**

這是你重新審視人生方向的時期。工作和育兒大致告一段落，是時候將關注轉回自己身上。在人生的折返點，趁此機會好好思考你的後半生，懷抱新的夢想與願景吧！

★**第6階段》「結交夥伴、重新審視與家人關係的時期」**

死別、繼承、照護、兩代同居、孩子獨立、離婚等，這個時期你和雙親、手足、夫妻及孩子的關係會出現巨大的變化，是重新審視與家人關係的時期。結交能夠超越血緣的新夥伴，是這個時期的關鍵。

★第7階段》「重新審視人生、自立的時期」

這是正式展開「第二人生」，進入人生下半場的轉換期。你必須成為一個能夠自立的人，此時若還依賴他人，只會讓自己遭到孤立。

★第8階段》「人生的收穫、充實期」

這是人生的黃金期，也是收穫人生所有果實的時期。至今努力累積的一切，將以肉眼可見的形式回報到你身上。就某種意義來說，也是人生的成績單出爐的時候。

★第9階段》「貢獻下個世代的時期」

在上一個階段，人生的果實幾乎都出現了。收穫了豐碩果實的人，接下來請抱著感恩的心，回饋子孫、晚輩及社會，此時正是「報恩」的時期。

★最後階段》「人生集大成、完成的時期」

完成天命的時期。據說人們只會帶著過世前九年的記憶前往另一個世界，一個人過世的方式，等於他一生的濃縮。一個人「如何死去」就代表他之前「如何活著」。

[命運數 1 的人生運勢週期表]

「命運數 1 」的你，人生的準備階段較長，是典型的大器晚成。

轉捩點

36歲是你人生的重大轉折點！諸如結婚、生產、獨立創業，這一年將是你大幅改變環境的好機會。此時請務必下定決心，勇敢開拓自己的人生！

人生週期	人生階段(9年×9階段)	人生循環(9年週期的運勢變化)								
		1 發展	2 協調	3 創造	4 安定	5 變化	6 愛情	7 休息	8 充實	9 完結
	預備階段 0~8歲	0	1	2	3	4	5	6	7	8
宿命期	第1階段 9~17歲	9	10	11	12	13	14	15	16	17
宿命期	第2階段 18～26歲	18	19	20	21	22	23	24	25	26
宿命期	第3階段 27～35歲	27	28	29	30	31	32	33	34	35
命運期	第4階段 36～44歲	(36)	37	38	39	40	41	42	43	44
命運期	第5階段 45～53歲	45	46	47	48	(49)	50	51	52	53
命運期	第6階段 54～62歲	54	55	56	57	58	59	60	61	62
使命・天命期	第7階段 63～71歲	(63)	64	65	66	67	68	69	70	71
使命・天命期	第8階段 72～80歲	72	73	74	75	76	77	78	79	80
使命・天命期	第9階段 81～89歲	81	82	83	84	85	86	87	88	89
	最後階段 90歲～	90								

[命運數 2.11 的人生運勢週期表]

人生的課題是協調、平衡與接納，人際關係將大幅左右你的人生。

轉捩點

35歲將成為你命運的分歧點。在此時期前後結識的人，無論是好是壞，都有可能成為左右你命運的人。48歲之後，你還會遇到與人際關係相關的課題，也許會掀起另一場波瀾。

人生週期	人生階段(9年×9階段)	人生循環(9年週期的運勢變化)								
		1 發展	2 協調	3 創造	4 安定	5 變化	6 愛情	7 休息	8 充實	9 完結
	預備階段 0～8歲		0	1	2	3	4	5	6	7
宿命期	第1階段 9～17歲	8	9	10	11	12	13	14	15	16
宿命期	第2階段 18～26歲	17	18	19	20	21	22	23	24	25
宿命期	第3階段 27～35歲	26	27	28	29	30	31	32	33	34
命運期	第4階段 36～44歲	(35)	36	37	38	39	40	41	42	43
命運期	第5階段 45～53歲	44	45	46	47	(48)	49	50	51	52
命運期	第6階段 54～62歲	53	54	55	56	57	58	59	60	61
使命・天命期	第7階段 63～71歲	(62)	63	64	65	66	67	68	69	70
使命・天命期	第8階段 72～80歲	71	72	73	74	75	76	77	78	79
使命・天命期	第9階段 81～89歲	80	81	82	83	84	85	86	87	88
	最後階段 90歲～	89	90							

[命運數 3 的人生運勢週期表]

發揮你的創造力，成為盡情暢玩人生的大娛樂家。

轉捩點

34歲是你人生的第一個轉折點。47歲那年，你應該還會遇到更大的轉機。此時，是要再次挑戰夢想，還是就此放棄，你的抉擇將造就截然不同的人生下半場。

人生週期	人生階段（9年×9階段）	人生循環（9年週期的運勢變化）								
		1 發展	2 協調	3 創造	4 安定	5 變化	6 愛情	7 休息	8 充實	9 完結
	預備階段 0～8歲			0	1	2	3	4	5	6
宿命期	第1階段 9～17歲	7	8	9	10	11	12	13	14	15
宿命期	第2階段 18～26歲	16	17	18	19	20	21	22	23	24
宿命期	第3階段 27～35歲	25	26	27	28	29	30	31	32	33
命運期	第4階段 36～44歲	34	35	36	37	38	39	40	41	42
命運期	第5階段 45～53歲	43	44	45	46	47	48	49	50	51
命運期	第6階段 54～62歲	52	53	54	55	56	57	58	59	60
使命・天命期	第7階段 63～71歲	61	62	63	64	65	66	67	68	69
使命・天命期	第8階段 72～80歲	70	71	72	73	74	75	76	77	78
使命・天命期	第9階段 81～89歲	79	80	81	82	83	84	85	86	87
	最後階段 90歲～	88	89	90						

[命運數 4.22 的人生運勢週期表]

做事不急不躁，腳踏實地、持續不懈正是你的成功祕訣。

轉捩點

33歲是你人生的關鍵時刻。打好人生基礎的「第4階段」這九年，對你尤其重要。即使遭遇困難也別逃避，在勇敢面對挑戰的過程中，你的實力也將隨之提升。

人生週期	人生階段(9年×9階段)	人生循環(9年週期的運勢變化)								
		1 發展	2 協調	3 創造	4 安定	5 變化	6 愛情	7 休息	8 充實	9 完結
	預備階段 0～8歲				0	1	2	3	4	5
宿命期	第1階段 9～17歲	6	7	8	9	10	11	12	13	14
	第2階段 18～26歲	15	16	17	18	19	20	21	22	23
	第3階段 27～35歲	24	25	26	27	28	29	30	31	32
命運期	第4階段 36～44歲	(33)	34	35	36	37	38	39	40	41
	第5階段 45～53歲	42	43	44	45	(46)	47	48	49	50
	第6階段 54～62歲	51	52	53	54	55	56	57	58	59
使命・天命期	第7階段 63～71歲	(60)	61	62	63	64	65	66	67	68
	第8階段 72～80歲	69	70	71	72	73	74	75	76	77
	第9階段 81～89歲	78	79	80	81	82	83	84	85	86
	最後階段 90歲～	87	88	89	90					

[命運數 5 的人生運勢週期表]

轉變就是機會，用你的行動力抓住大好機會吧！

轉捩點

45歲是你最重要的轉捩點！你的人生屬於向外發展的類型，人際關係將左右你的人生。在這個時期前後認識的人，將大幅改變你的後半生。記得要經常保持積極樂觀的正面心態喔！

人生週期	人生階段（9年×9階段）	人生循環（9年週期的運勢變化）								
		1 發展	2 協調	3 創造	4 安定	5 變化	6 愛情	7 休息	8 充實	9 完結
	預備階段 0～8歲					0	1	2	3	4
宿命期	第1階段 9～17歲	5	6	7	8	9	10	11	12	13
宿命期	第2階段 18～26歲	14	15	16	17	18	19	20	21	22
宿命期	第3階段 27～35歲	23	24	25	26	27	28	29	30	31
命運期	第4階段 36～44歲	(32)	33	34	35	36	37	38	39	40
命運期	第5階段 45～53歲	41	42	43	44	(45)	46	47	48	49
命運期	第6階段 54～62歲	50	51	52	53	54	55	56	57	58
使命・天命期	第7階段 63～71歲	(59)	60	61	62	63	64	65	66	67
使命・天命期	第8階段 72～80歲	68	69	70	71	72	73	74	75	76
使命・天命期	第9階段 81～89歲	77	78	79	80	81	82	83	84	85
	最後階段 90歲～	86	87	88	89	90				

[命運數 6.33 的人生運勢週期表]

大方與他人分享的愛，將成為更大的愛回報到你身上。

轉捩點

你的人生分歧點在44歲！在這之前，你的人生完全「以家人為主」，接下來應該展開「以自己為主」的人生。人生的下半場該以何者為優先，全憑你自己決定。

人生週期	人生階段(9年×9階段)	人生循環(9年週期的運勢變化)								
		1 發展	2 協調	3 創造	4 安定	5 變化	6 愛情	7 休息	8 充實	9 完結
	預備階段 0～8歲						0	1	2	3
宿命期	第1階段 9～17歲	4	5	6	7	8	9	10	11	12
	第2階段 18～26歲	13	14	15	16	17	18	19	20	21
	第3階段 27～35歲	22	23	24	25	26	27	28	29	30
命運期	第4階段 36～44歲	31	32	33	34	35	36	37	38	39
	第5階段 45～53歲	40	41	42	43	44	45	46	47	48
	第6階段 54～62歲	49	50	51	52	53	54	55	56	57
使命・天命期	第7階段 63～71歲	58	59	60	61	62	63	64	65	66
	第8階段 72～80歲	67	68	69	70	71	72	73	74	75
	第9階段 81～89歲	76	77	78	79	80	81	82	83	84
	最後階段 90歲～	85	86	87	88	89	90			

[命運數 7 的人生運勢週期表]

不去在意周遭的目光，貫徹自己的堅持，這就是你的自我風格。

轉捩點

你要在43歲前找到值得讓自己奉獻一生的畢生志業。獨特的風格也許得等到57歲後才能真正獲得肯定。當你鑽研某個領域到了極致，不僅自己能夠樂在其中，旁人對你的評價也會提升。

人生週期	人生階段（9年×9階段）	人生循環（9年週期的運勢變化）								
		1 發展	2 協調	3 創造	4 安定	5 變化	6 愛情	7 休息	8 充實	9 完結
	預備階段 0～8歲							0	1	2
宿命期	第1階段 9～17歲	3	4	5	6	7	8	9	10	11
宿命期	第2階段 18～26歲	12	13	14	15	16	17	18	19	20
宿命期	第3階段 27～35歲	21	22	23	24	25	26	27	28	29
命運期	第4階段 36～44歲	(30)	31	32	33	34	35	36	37	38
命運期	第5階段 45～53歲	39	40	41	42	(43)	44	45	46	47
命運期	第6階段 54～62歲	48	49	50	51	52	53	54	55	56
使命・天命期	第7階段 63～71歲	(57)	58	59	60	61	62	63	64	65
使命・天命期	第8階段 72～80歲	66	67	68	69	70	71	72	73	74
使命・天命期	第9階段 81～89歲	75	76	77	78	79	80	81	82	83
	最後階段 90歲～	84	85	86	87	88	89	90		

[命運數 8 的人生運勢週期表]

用心賺錢、慷慨花錢。能夠打動旁人加入你的計畫，正是你的魅力！

轉捩點

你在29歲前必須達到身心的自主獨立，並在42歲前規劃好後半生的人生藍圖。你的人生主場自56歲那年開始，即使是「人生的第二春」，也有望收穫極大的成功。

人生週期	人生階段（9年×9階段）	人生循環（9年週期的運勢變化）								
		1 發展	2 協調	3 創造	4 安定	5 變化	6 愛情	7 休息	8 充實	9 完結
	預備階段 0～8歲								0	1
宿命期	第1階段 9～17歲	2	3	4	5	6	7	8	9	10
宿命期	第2階段 18～26歲	11	12	13	14	15	16	17	18	19
宿命期	第3階段 27～35歲	20	21	22	23	24	25	26	27	28
命運期	第4階段 36～44歲	(29)	30	31	32	33	34	35	36	37
命運期	第5階段 45～53歲	38	39	40	41	(42)	43	44	45	46
命運期	第6階段 54～62歲	47	48	49	50	51	52	53	54	55
使命・天命期	第7階段 63～71歲	(56)	57	58	59	60	61	62	63	64
使命・天命期	第8階段 72～80歲	65	66	67	68	69	70	71	72	73
使命・天命期	第9階段 81～89歲	74	75	76	77	78	79	80	81	82
	最後階段 90歲～	83	84	85	86	87	88	89	90	

[命運數 9 的人生運勢週期表]

你屬於典型的「早熟大人」，隨著年齡增長，將活得越來越輕鬆。

轉捩點

55歲是你人生的分歧點！自這一年起，你會依循「使命・天命」，活出真正屬於自己的人生。在此之前你必須做好準備，在41歲前決定自己要前進的道路及畢生的志業。

人生週期	人生階段(9年×9階段)	人生循環(9年週期的運勢變化)								
		1 發展	2 協調	3 創造	4 安定	5 變化	6 愛情	7 休息	8 充實	9 完結
	預備階段 0~8歲									0
宿命期	第1階段 9~17歲	1	2	3	4	5	6	7	8	9
宿命期	第2階段 18~26歲	10	11	12	13	14	15	16	17	18
宿命期	第3階段 27~35歲	19	20	21	22	23	24	25	26	27
命運期	第4階段 36~44歲	28	29	30	31	32	33	34	35	36
命運期	第5階段 45~53歲	37	38	39	40	41	42	43	44	45
命運期	第6階段 54~62歲	46	47	48	49	50	51	52	53	54
使命・天命期	第7階段 63~71歲	55	56	57	58	59	60	61	62	63
使命・天命期	第8階段 72~80歲	64	65	66	67	68	69	70	71	72
使命・天命期	第9階段 81~89歲	73	74	75	76	77	78	79	80	81
	最後階段 90歲~	82	83	84	85	86	87	88	89	90

120%活用「葉月生命靈數」的Q&A

Q **實際的生日和戶籍上的生日不同時，該如何解讀？**

A 在「葉月生命靈數」中，戶籍上的生日代表「父母期待你能擁有的特質及人生」，實際的生日則代表「自己真正具備的特質及人生」。雖然兩個日期都會對你的人生帶來影響，但你來到這個世界的日子才是你「真正的生日」，建議在日常生活中多留意這個數字的特質。

Q **「葉月生命靈數」不使用出生的時間或姓名嗎？**

A 「葉月生命靈數」只聚焦於「出生日期」的數字，這樣的做法更加簡單明瞭，也更好運用。因此，不會使用出生時間的數字，或是將姓名轉換成羅馬拼音，用得出的數字來解讀運勢。

Q **雙胞胎或是同一天生日的人，命運也會相同嗎？**

A 生日相同的人，可以視為基本的特質與人生方向相同。不過，「葉月生命靈數」的數字組合多達一千兩百種，比血型或十二星座多出百倍以上。即使「出發的起點」、「經過的路線」、「前往的目的地」相同，也會因為目前所在的地點、在人生路上的步行速度和步行方式的不同，因此看到不同的景色。而且還必須考量到周遭環境所帶來的影響，即使同一天生日，也會因為某個數字的特質被強化，形成每個人不一樣的個性，命運自然也不盡相同。

Q 「葉月生命靈數」只能用在生日嗎？

A 所有數字都不是「數字」而是「文字」，諸如：電話號碼、房間號碼、車牌號碼、卡片號碼等，所有號碼都具備了「文字」的訊息。其中，由於生日是專屬於個人的重要數字，光是從生日就能解讀出相當龐大的資訊，這正是「葉月生命靈數」的價值。

Q 當「使命期・天命期」結束，人的壽命也走到了盡頭嗎？

A 當然不是！有的人還沒迎接「使命期・天命期」就先迎來了大限之期，不是所有人都會照著「生命運勢週期表」度過一生。這頂多是讓你的人生變得更好的「理想範本」或「指南」，不代表每個人何時將面臨生命的終點，或是你的壽命有多長。

Q 我們無法避免運勢中的「動搖」或「巨大波瀾」嗎？

A 很遺憾，這些是無法避免的。不過，由相同數字組成的二位數「11：動搖」或「22：巨大波瀾」這一年，不代表一定會發生壞事。這些年雖然是「精神方面不安定，容易發生嚴重問題的時期」，在有心理準備的狀態下遇到這些事，比起在沒有心理準備的狀態下遇到，結果將截然不同。不要害怕「動搖」或「巨大波瀾」，將這些視為值得挑戰的課題，說不定能成為有助你乘上成功大浪的好機會呢！

Q 有可能出現完全不符合「葉月生命靈數」的人嗎？

A 「葉月生命靈數」的智慧以超過兩千五百年歷史的「卡巴拉生命靈數」為基礎。這是經過漫長的時間考驗流傳下來的智慧，算是統計學中人類分類法的一種。因為是統計學，這樣的分類法不可能適用於所有人，當然會出現例外。不過，「葉月生命靈數」不是只注重「準」或「不準」的算命術。這門智慧不僅是命理學，更是有歷史佐證的統計學。是要活用還是扼殺這門智慧，端看你如何運用。就算真的有人完全不符合，單憑這樣就斷言這門智慧毫無價值，未免太過武斷。

—結語—

活用「葉月生命靈數」時，希望大家遵守的五個約定

在本書最後，我想告訴各位一件事：你會在此時拿起這本書，絕對不是偶然而是必然。因此，你有義務活用本書的智慧活出自我、活得更加耀眼，並將這門智慧推廣給周遭的人。此時，希望你能遵守以下五個約定，倘若你能將這些約定放在心上，將是我身為作者無上的喜悅。

1 首先，你必須活用自己具備的「數字」性質、特徵、優勢以及長處，活出自我、活得更幸福。

2 解讀完自己的「人生運勢週期表」後，就別再讓心情隨著每天發生的大小事情乍喜乍憂、起伏不定。要學習從高處俯瞰人生，貫徹自己的

生存之道，盡力達成上天賦予你的使命與天命。

3 努力讓身邊的人看到你的生活方式，進一步讓他們對你的生存方式背後根本的思考、想法、信念產生興趣。

4 推廣「葉月生命靈數」的智慧時，重點在於樂於與他人分享。不要用書中的智慧去評判對方，或是試圖支配、控制對方。你之所以積極推廣本書的智慧，是為了提高對方的幸福及自由。

5 「葉月生命靈數」的源頭是宇宙的智慧，是真理。這門智慧的使用方法雖說沒有特別限制，還是要心懷敬意、慎重對待。

作　　者　葉月虹映
譯　　者　林于楟

編　　輯　鄭淑慧
封面設計　周家瑤
美術設計　洪素貞

出　　版　青丘文化有限公司
地　　址　台北市內湖區東湖路113巷49弄29號3樓
電　　話　02-2630-6272

印　　製　呈靖印刷股份有限公司
初　　版　2023年2月
初版三刷　2024年3月

總 經 銷　大和書報圖書份有限公司
電　　話　02-89902588

國家圖書館出版品預行編目資料

從零基礎開始學生命靈數：日本生命靈數教父帶你解讀生日數字，破譯人生運勢的關鍵密碼／葉月虹映著；林于楟譯. -- 初版. -- 臺北市：青丘文化有限公司，2023.01
320面；14.8*21公分
譯自：ゼロからマスターする数秘術：誕生日から読み解く、あなたの人生

ISBN 978-986-06900-4-0(平裝)

1.CST: 命書 2.CST: 數字

293.1　　111021070

ZERO KARA MASTER SURU SUHIJUTSU by Koei Hazuki

Original Japanese edition published by KAWADE SHOBO SHINSHA Ltd. Publishers.
This Complex Chinese edition is published by arrangement with KAWADE SHOBO SHINSHA Ltd. Publishers, Tokyo
in care of Tuttle-Mori Agency, Inc., Tokyo, through LEE's Literary Agency, Taipei.